Stefan Muthesius

KUNST IN POLEN
POLNISCHE KUNST

966 - 1990

Eine Einführung

Karl Robert Langewiesche Nachfolger
Hans Köster Verlagsbuchhandlung KG
Königstein im Taunus 1994

FÜR K UND M.

UMSCHLAG-VORDERSEITE: Stanisław WYSPIAŃSKI, Krakau: Turm der Wawel-Kathedrale und Weichsel, 1904, verschollen. - VORSATZBLATT: Wandteppich, 18.Jh. MNW.
FRONTISPIZ: Jan MATEJKO: Die Hängung der Sigismund-Glocke auf dem Wawel 1521, Ausschnitt (vgl. S.66), 1874, MNW.

INHALT:

DANKSAGUNG: Dank schulde ich zunächst meiner Frau, Dr. Katarzyna Murawska-Muthesius, ohne deren Mitarbeit dieses Vorhaben niemals hätte unternommen werden können. Michael Brandon-Jones half, wie immer, bei der Photographie. Dankbarkeit schulde ich auch K. und J. Zabroccy, dem Muzeum Narodowe in Warschau und seiner Bibliothek, den Bibliotheken der Universität Kiel und dem Arkady Verlag, Warschau, ferner A. Czerniawski, E. Fudakowska, W. Hill, K. Lane, D. Limon, N. McWilliam und H. Waszkiel. Eine adäquate Danksagung an alle die polnischen Kunsthistoriker, die mir bei diesem Buch geholfen haben, würde zu viele Seiten füllen. Ich hoffe, sie üben Nachsicht in Bezug auf meine unbegrenzte Übernahme ihrer Forschungsergebnisse. Für Irrtümer haftet allein der Autor.

Printed in Germany. ISBN 3-7845-7610-9

ABKÜRZUNGEN:
N.B. Die Endungen der meisten polnischen Eigennamen unterliegen grammatischen Veränderungen.
Bibl. und Nummer: Siehe Bibliographie.
BHS(K): Biuletyn Historii Sztuki (i Kultury).
BVW: Biblioteka Uniwersytetu Warszawskiego, Gabinet Rycin.
IS PAN: Instytut Sztuki PAN
K.: Kraków.
MNK Muzeum Narodowe Kraków.
MNP: Muzeum Narodowe Poznań.
MNW: Muzeum Narodowe Warszawa.
MoS.: SHS, Myśl o Sztuce 1976, Bibl. 2.
PAN: Polska Akademia Nauk.
RHS: Rocznik Historii Sztuki.
SHS: Stowarzyszenie Historyków Sztuki.
W.: Warszawa.
Wr.: Wrocław.
Wyspiański 1925: S. Przybyszewski u.a.: S. Wyspiański Dzieła Malarskie, K. 1925.
Zachwatowicz: J. Zachwatowicz, Architektura Polska do połowy XIX w., W. 1952
ZfO: Zeitschrift für Ostforschung.
ZKW: Zamek Królewski [Königsschloss] Warszawa.

KUNST, NATION, POLITIK, KUNSTGESCHICHTE

Für den heutigen Kunstinteressierten besteht wahrlich kein Mangel an Büchern aller Art. Käme aber jemand auf die Idee, nach einem neuen Werk über die deutsche oder die englische Kunst insgesamt zu fragen, so wäre der Buchhändler in Verlegenheit gebracht. Für eine solche Art Kunstbuch scheint es heute kein Interesse mehr zu geben. In Polen ist das anders; bis in die letzten Jahre sind immer wieder neue 'Syntezy' erschienen und viele der bedeutendsten polnischen Kunsthistoriker haben sich dieser Aufgabe gewidmet. Das vorliegende kurze Werk verdient natürlich den anspruchsvollen Titel 'Synthese' nicht. Auch in der Einleitung soll ein solcher Weg nicht versucht werden; es geht nicht darum, aus der Sicht eines Ausländers ein dezidiertes, generelles Urteil zu fällen darüber, was nun das 'polnische' an der polnischen Kunst sei. Es soll hier eine präzisere Frage gestellt werden: auf welche Weise haben die Kunsthistoriker die nationale Frage in der Kunst in den letzten hundert Jahren diskutiert. Mit anderen Worten, es soll eine kurze Geschichte der polnischen Kunstgeschichte geboten werden.[1] Entscheidend ist hier die These, dass die alte Kunst zwar nicht von den Kunsthistorikern geschaffen wurde, dass diese aber einen wesentlichen Anteil daran haben, wie jene Kunst verstanden und bewertet wird, und dass diese Bewertung einer steten Entwicklung unterliegt.

Anfänge

Von 1795 bis 1918 gehörte das geteilte und staatlich nicht existierende Polen zu jenen Ländern Europas, in denen das Nationalbewusstsein sich lediglich kulturell äussern konnte. Die sehr verschiedenartigen Manifestationen reichen aber in einigen Bereichen weit vor 1795 zurück, während sie in anderen, etwa bei der Malerei, erst im späteren 19. Jahrhundert wirklich einsetzten (S.43, 57). Die Anfänge liegen im Dunkeln - das gilt auch für die Kunstgeschichte als Wissenschaft; und das Dunkel liegt in diesem Falle noch gar nicht so weit zurück. Bis in die Zeit um 1860 ging, jedenfalls aus späterer Sicht, alles durcheinander: Kunstgeschichte, klassische Archäologie, Vorgeschichte, Volkskunde, Aesthetik und Kunstlehre, Kunstliebhaberei. Eine neue Einschätzung des Historischen im späten 18. Jahrhundert brachte eine neue Bewertung alles dessen, was besonders alt schien. In der Architektur, in den 'Revivals' der Klassik und der Gotik, ahmte man nun die Formen der Vergangenheit genauer nach als je zuvor. Bei Malern und Zeichnern finden wir eine immer grössere Genauigkeit in der topographischen Darstellung. Der eigentliche Beginn der polnischen Kunstgeschichte trägt auch in Polen den Namen Winckelmann: "Die Kunst bei den Alten, beziehungsweise Winkelman Polski" von 1815, ein umfangreiches Werk des polnischen Politikers, Reformers, Mäzens und Romwallfahrers Graf Stanisław Kostka Potocki.[2] Es enthält eine Übersetzung der Geschichte der Kunst, handelt aber auch über zahlreiche nachantike Epochen; in seiner Grundauffassung ist es eher universalistisch als national. Von den 1820er Jahren an übernahmen polnische Kritiker die neuen Philosophien Herders, Hegels, Schellings und der Brüder Schlegel und damit Konzepte der individuellen wie der nationalen Schöpferkraft. Polen wurde zudem in einen grösseren Verband des Panslawismus eingefügt, zu dem man am Anfang auch die 'byzantische' und die gotische Kunst zählte; es gab andererseits auch Vertreter eines 'Okcydentalizm', der die Verbindungen mit dem christlichen Süden und Westen betonte. Der erste Bereich, in dem die nationalkulturellen Forschungen zur Erfolgen führten, war die Sammlung von Volksliedern und ihre Verwendung in der Musik Chopins.

Nach der Mitte des Jahrhunderts kam es in Polen allgemein zu einer neuen Denkrichtung, pozytywizm genannt, ausgerichtet auf Pragmatik, Empirik und Systematik. Was das Nationalbewusstsein anbelangte, so bedeutete dies eine Abwendung vom romantischen 'Messianismus'-Mythos. In der Philosophie (Libelt), der Literaturkritik (Norwid) und der Historik (Lelewel) sprach man nun von der Bindung der Kunst an die fruchtbare Tätigkeit des ganzen Volkes. Ältere Kritiker gaben vor, dass die Polen als Volk eher zur literarischen als zur visuellen Darstellung neigten (Mickiewicz, Klaczko). Immer wieder fühlten sich Vertreter der bildenden Kunst zu ihrer Verteidigung genötigt. Aus der neuesten deutschen Kunstgeschichte, aus Hegel, Rumohr und Kugler übernahm man auch bald eine strengere Periodisierung, etwa in den weitläufigen Schriften Józef Kremers. Es wurde nun klarer zwischen Altertum und Mittelalter, zwischen Ost und West, italienisch und deutsch usw. unterschieden. Einige Stile wurden den nationalen Königshäusern zugeordnet, etwa 'piastowski' oder 'jagielloński'. Eine langsame Institutionalisierung lässt sich verfolgen. Bis um die Mitte des Jahrhunderts bestimmten noch die Aufträge einzelner Mitglieder des Adels das Bild, zunächst in Warschau, dann auch in Posen (S.9). In Warschau formierte sich im Jahre 1800 aber auch die Towarzystwo Naukowe, die 'Wissenschaftliche Gesellschaft', die als Ahne aller polnischen Akademien gilt. In den 1840er und 50er Jahren kam es zu den ersten grösseren Sammelwerken, zu ersten Versuchen der Inventarisation und der gesammelten Künstlerbiographien.[3] Die fortschreitende Russifizierung in Warschau und die Germanisierung in Posen schränkten jedoch die institutionellen Entwicklungen stark ein. Nur in Galizien kam es von 1867 an zu erträglicheren Zuständen. Fast alle Anstösse in der Kunstgeschichte für die nächsten 50 Jahre gingen von Krakau aus. Man müsste München und Nürnberg zusammenlegen, um ungefähr die kulturelle Bedeutung Krakaus in jener Zeit zu ermessen. Lokalstolz und Rivalität der alten Hauptstadt Polens mit dem Emporkömmling Warschau spielte dabei ebenfalls eine Rolle.[4] Von etwa 1820 an wurde vor allem das mittelalterliche Krakau von Lokalhistorikern wie Ambroży Grabowski und Paweł Popiel entdeckt. 1856 begann man - innerhalb des k. u. k. Systems - mit den Vorarbeiten zur Denkmalinvetarisation und auch bald mit der Einrichtung grösserer Museen. Alles überrragend in seiner Bedeutung für die alte Kunst Krakaus war das Werk des polnischen Malerfürsten Jan Matejko, der in seiner unermüdlichlichen Zeichentätigkeit die Bauten 'entdeckte' und sie dann in seinen Monumentalgemälden zur polnischen Geschichte popularisierte (S.7,66).

Die Begründung der 'polnischen wissenschaftlichen Kunstgeschichte'

Bald darauf, in den 1870er Jahren, begann dann nach übereinstimmenden Urteilen in Krakau die eigentliche polnische Kunstgeschichte. Wichtig waren zunächst die institutionellen Entwicklungen. Von überragender Bedeutung war, und ist, in Polen der Zusammenschluss in zentralen Gremien, die einen sicheren Schirm über die einzelnen Forscher spannten und die vor allem praktisch das gesamte Publikationswesen unter sich nehmen. Sie wurden vom Staat wie von privaten Stiftungen finanziert. Die früheren Vertreter der Forschung, etwa die Adligen, aber auch die Lokalforscher bezeichnete man nun gerne als 'amatorzy'. Hort der Bemühungen wurde die neue Akademia Umiejętności [der Wissenschaften] w Krakowie. Sie brachte vor allem eine viel stärkere Differenzierung der Einzeldisziplinen. 1873 wurden drei Komissionen der Akademie gebildet, für Archäologie (mit Vorgeschichte), für Anthropologie (auch Ethnographie, d.h. Volkskunde) und für Historia Sztuki [Künste]. Letztere Kommission publizierte von 1879 an die Reihe Sprawozdania, die erste reguläre kunstgeschichtliche Publikation Polens.[5] Bald vervollständigte man die Institutionalisierung, in dem man eine 1879 Dozentur an der Uniwersytet Jagielloński einrichtete. Im europäischen Vergleich war dies eine recht frühe Entwicklung, auch in Deutschland und Österreich begann die volle Professionalisierung und Akademisierung der Kunstgeschichte erst in den 1870er Jahren.[6]

Als letzter Vertreter der Amateurgeneration und zugleich als erster Vertreter der neuen Wissenschaft galt Władysław Łuszczkiewicz. Zunächst war er als nazarenisch beinflusster und in Paris ausgebildeter Historienmaler und Lehrer (z. B. Matejkos und Malczewskis) tätig, dann auch als Organisator der Krakauer Museen. In seinen späteren Forschungen widmete er sich fast ausschliesslich der polnischen mittelalterlichen Architektur. Der erste Krakauer Dozent und seit 1882 Professor war Maryan Sokołowski. Er stammte aus dem Landadel und seine intellektuelle Legitimation war gleichermassen polnisch und europäisch. Er studierte in Berlin, Heidelberg und vor allem Jura in Paris, wo er auch mit den polnischen Kritikern befreundet war. In den siebziger Jahren hörte er in Wien Geschichte und auch Kunstgeschichte - bei den frühen Mitgliedern der 'Wiener Schule', wie später betont wurde. Was ihn dazu veranlasste, dann in Krakau bei den Archäologen über ein Thema der polnischen Architekturgeschichte zu dissertieren und sich bald darauf zu habilitieren, wissen wir nicht genau. Mit Sokołowski und seinen zahlreichen Schülern begann, was man noch heute die Krakauer Schule der Kunstgeschichte nennt, jedenfalls im Sinne einer 'Genealogie' am Ort.

Das Forschungsprogramm der 'fachowcy zawodowi', der beruflichen Fachleute, bzw. die neue Wissenschaftlichkeit in der Zeit des 'Pozytywizm', bedeutete vor allem Empirie und Präzision ('faktografia'). Zunächst bestand dies in einer vorher kaum bekannten Ausführlichkeit der Untersuchung einzelner Objekte. Dabei wurden schriftliche Urkunden verstärkt zur Erklärung herbeigezogen ('historyczno-filologiczny'). Andererseits handelte es sich nun ausdrücklich auch um eine Geschichte der 'schönen Künste'; Archäologie und Volkskunde hatte man ja abgetrennt. In den ersten Beiträgen von Łuszczkiewicz spielt - getreu dem Vorbild Viollet-le-Ducs - die Erörterung der Konstruktion eines mittelalertlichen Baues noch die Hauptrolle, der Stil bezieht sich lediglich auf die Ausschmückung.[7] Aber bei den sich rasch entwickelnden neuen Architektur- und Formbegriffen ging es bald nicht mehr um die blosse lexikonartige Identifikation der einzelnen Schmuckteile, sondern eher um die Intentionen, um die Individualität der Entwerfer (gleich ob Individuum oder Gruppe), und dies schloss den ganzen Bau ein, wobei die Konstruktionsbedingtheit nicht mehr gesondert betont wurde. Ein Bau entsteht nun vornehmlich aus dem 'duch', dem Geist, etwa dem 'duchu romanizmu'. Oder: 'Gotische Formen müssen einem inneren Fühlen antworten... Menschen fühlten Konstruktionsbedingungen instinktiv...'.[8] Anders als in Frankreich und England bildeten die Architekturgeschichte und die neuen Methoden ihrer Untersuchung von Anfang an einen festen Bestandteil der polnischen Kunstgeschichte; ein genauerer Vergleich mit der deutschsprachigen Forschung, aber auch mit der gleichzeitigen Krakauer Kunstkritik und dem polnischen Post-Positivismus generell steht noch aus.

Das zweite Hauptanliegen der Kommission war die Konzentration auf die Kunst in Polen. Ein solches Programm schien im geteilten und kulturell weitgehend unterdrückten Polen etwas selbstverständliches. 'Polnische Kunstwerke sind bisher, wenn überhaupt, als Anhängsel des Auslandes beachtet worden', hiess es 1879 in der Einleitung des ersten Bandes der Sprawozdania. Gleichzeitig schien es jetzt geraten, im Rahmen der neuen wissenschaftlichen Genauigkeit und der Vermeidung von Lokalpatriotismus bescheiden zu vermerken, dass Polen 'keine erstrangigen Meisterwerke' besitze. Man sah eine doppelte Aufgabe: um die Entwicklung der Kunst in Polen richtig zu ermessen, muss man genau die Werke der anderen Länder studieren. Besonders Sokołowski nahm regen Anteil an der europäischen Kunstgeschichte und wurde schliesslich zu einem international respektierten Forscher, der auch gelegentlich in deutscher Sprache publizierte.[9] Unausgesprochen ergab sich auch eine Beschränkung der polnischen Forschung dadurch, dass kaum Bedarf an Fachleuten zur ausländischen Malerei bestand, da man keine Museen unterhalten konnte, die international sammelten.

Noch ein weiterer Gedankengang war charakteristisch. Auf die Einzelarbeiten ('monografia') sollten die Synthesen folgen, ein Wort von ganz besonderer Bedeutung.[10] Es dient in Polen meist als Oberbegriff für alle generellen Probleme der Geschichtsschreibung. Vor allem empfand man geradezu eine Kluft zwischen monografia und synteza. Man wollte nicht die Grenzen dieser induktiven Methode sehen, die Tatsache nämlich, dass praktisch jede generelle Charakterisierung, auch bei der Einzelarbeit - etwa die, dass ein gewisses Werk 'polnisch' sei - bereits eine starke Generalisierung und eigentlich eine Synthese darstellt. (Umgekehrt stellt aber so manche 'Synthese' nichts anderes als eine lange Aneinanderreihung von Einzelfakten dar.) Durch die ganze polnische Kunstgeschichte zieht sich eine Sehnsucht nach Synthesen und immer wieder wurde behauptet, dass man dazu noch nicht genug vorbereitet sei. Der Blick auf andere Kulturen, die man gewöhnlich für reicher und älter hielt, schien dies zu bestätigen. In der Tat, in Russisch-Polen wäre eine genaue Untersuchung der Baudenkmale aus rein praktischen, d.h. polizeilichen Gründen vor 1906 kaum möglich gewesen. Als die Krakauer Akademie im Jahre 1912 einen Wettbewerb um eine solche Sythese der polnischen Kunst aussschrieb, erhielt sie keine einzige Eingabe. Das Verlangen nach 'Synthese', d.h. nach der Darstellung der polnischen Kunst als ganzes, war Ausdruck des Verlangens nach staatlicher Einheit wie auch die Feststellung der politischen Ohnmacht. Die Positivisten nach 1860 stellten der vagen romantischen Sehnsucht nach Einheit die Effektivitiät der genauen Einzelbemühungen entgegen, eine Überzeugung, die niemals rückgängig gemacht wurde, die aber doch die generelle Sehnsucht auch nie ganz ersetzen konnte. Es ist also durchaus verständlich, dass die renommierte neue polnische Kunstgeschichte zunächst kaum ein grösseres, bekannteres Werk zur Kunstgeschichte hervorbrachte. Trotzdem wurde aber verstärkt eine einfachere Frage gestellt: Hatten sich damit überhaupt die Hoffnungen der 1870iger Jahre auf eine breite Würdigung der polnischen Kunst erfüllt? In gewissem Sinne kaum: polnische Kunstwerke wurden zwar bestimmt durch ihre detaillierte Einordnung in einen europäischen Zusammenhang, - für das übrige Europa jedoch blieb die polnische Kunst und die Kunstgeschichte Provinz, d.h. niemand nahm sie zur Kenntnis.

Es mehrten sich die Stimmen, denen dies nicht genügte. Eine Reihe von Kunstkritikern und Architekten, die nicht unter dem Dach der Akademie arbeiteten, orientierte sich an dem mächtigen neuen Trend zum 'Primitiven', zur Volks-, Heimat- oder Bauernkunst; sensualistisch und emotional aufgefasst, erforscht mit Akribie, moralisch-politisch begründet und popularistisch verbreitet.

Maryan Sokołowski (1839-1911), Begründer des Krakauer Lehrstuhls der Kunstgeschichte, von L. Wyczółkowski nach 1900.

Stanisław Witkiewicz (1851-1915), Maler und Kunstkritiker, Foto von seinem Sohn Witkacy (vgl. S.I.Witkiewicz, S.97), um 1912.

Zusammen mit der Moderne wollte man den Eklektizismus, die Beliebigkeit der Formen des 19. Jahrhunderts überwinden.[11] Hauptvertreter in Polen war der Kritiker Stanisław Witkiewicz (S.59). Seit 1887 verbrachte er die Sommer in dem südpolnischen Tatra-Kurort Zakopane, wo er den lokalen Holzhausstil zwar nicht entdeckte, aber seine Erforschung und Propagierung auf sorgfältige Argumente stützte. Zunächst beweist er seine internationalen Kenntnisse mit Hinweisen auf die neue Deutschrenaissance und den neuen russischen Nationalstil. In Polen hielten sich die besseren Klassen meist an die Kunst des Auslandes, aber das 'Volk', 'lud', hatte seit dem Mittelalter seine eigene, ursprüngliche, slawische Kunst bewahrt. Die besonderen Werte des 'Styl Zakopiański' (S.82,89), den Witkiewicz für den Villenbau und das Kunstgewerbe begründete, lagen einmal in seiner 'Konstruktivität', zum anderen aber waren viele Motive seiner Ornamentik abstrakt geometrisch und rhythmisch bestimmt. Später sprach Witkiewicz auch von 'geheimisvollen ... aus der Psyche kommenden' Elementen.[12]

Im Jahre 1913 fragte der Architekt Stefan Szyller noch einmal: Haben wir eine polnische Architektur? Auch für ihn ist die Holzbaukunst die Grundlage für alles spätere. Neben der universal-rationalen Erklärung der Form durch die Konstruktion gelten nun auch spezifisch 'nationale Bautraditionen'. Es sei wenig sinnvoll, bei Nationalstilen grosse Unterschiede und dauernde Originalschöpfung zu erwarten, alles liegt in der Variation der Detailformen, wie zum Beispiel bei den Unterschieden zwischen deutschen und polnischen Walmdächern. Auch die kleinen, zurückgesetzten Dachaufbauten auf den Häusern am Alten Markt in Warschau haben 'ihren eigenen Ausdruck', 'swój wyraz architektoniczny' (S.14). Die Heimatschutzbewegung hatte nun überall in Polen begonnen, und das hiess, dass man die gesamte Architektur der Dörfer und der Kleinstädte als etwas spezifisch Polnisches charakterisieren konnte. Szyller selbst bevorzugte die 'polnische Renaissance-Attika' (S.39,85). Seine Suche nach einem Nationalstil, der vornehmlich durch den Stil der Dekoration identifiziert wird, wurde bald altmodisch, aber sie gab der Frage immer noch etwas dringendes: '...die Nation versteht uns'.[13]

Um eine nationale Architekturgeschichte ging es auch dem Architekten Dr. Jan Sas Zubrzycki. Er gilt als das schwarze Schaf der polnischen Kunstgeschichte. Scharf attakierte er ihre akademischen Vertreter (Frage im Buchladen: warum gibt es kein Buch zur polnischen Kunst?), denen er die Übernahme westlicher, besonders deutscher Methoden nie verzieh. Diese Kunsthistoriker, so schrieb er, arbeiten eher mit Dokumenten als mit ihren Augen und ihrem Gefühl. Was für Witkiewicz der Holzbau, war für Sas Zubrzycki die polnische Ziegelbauweise, die er bis in die Vorgeschichte zurückverfolgt, und die somit nicht aus Deutschland importiert wurde; im Gegenteil, Polen exportierte sie - in der Tat gibt es die deutsche Bezeichung 'polnisch-gotischer Verband' für eine bestimmte Art der Backsteinmauer (englisch allerdings: Flemish Bond; der Binder liegt symmetrisch über dem Läufer).[14] Wichtig ist wiederum, dass diese einfachsten Bauformen auch die sichersten nationalen Kennzeichen darstellen. So ungenau Sas Zubrzyckis auch meist forschte, so kannte er sich doch in der damaligen Kunstpsychologie gut aus: Formen kommen 'aus der Tiefe des Fühlens...', sind als 'Zeichen' (cechy) sichtbar und '... wirken direkt'.[15]

Auch Sas Zubrzycki attakierte noch einmal jene Kritiker des 19. Jahrhunderts, die meinten, dass die Polen der visuellen Kunst nicht fähig seien. Das hatte damals primär den schaffenden Künstlern gegolten. Aber 70 Jahre später ist Sas Zubrzycki alarmiert, er hat den Verdacht, dass die modernen Kunsthistoriker nun den Polen auch noch ihre alte Kunst absprechen wollten.[16] Es schien in der Tat so, wenn z.B. Łuszczkiewicz am Anfang noch von dem Glauben ausgegangen war, dass die romanische Baukunst als die 'älteste' Kunst etwas Polnisches darstelle, Sokołowski hingegen in seiner Untersuchung der vermutlich ersten polnischen Steinbauten in Ostrów Lednicki das neue, Westliche und Christliche der Baumethoden betonte.[17] Es schien zudem, dass dieser Gegensatz auch in einer verschärften Unterscheidung zwischen Hochstilen und Volkskünsten zusammenging. Sokołowski erforschte die ersteren, Witkiewicz die letzteren. Szyller und Sas Zubrzycki jedoch vereinten beide. In der Tat, die Grenzlinien zwischen beiden Parteien sind in mancher Hinsicht fliessend. Vergleicht man einige Grundsätze beider Gruppen, so stösst man gleichermassen auf 'einfache Form' und 'duch', 'Geist'. Für die Kunsthistoriker wie für die Architekten bedeutete die neue Auffassung von 'Form' etwas, bei dem Konstruktion und Dekoration verschmolzen wurden. Für alle hier genannten Autoren konnten durch diese neue Untersuchungweise auch solche Werke für formgeschichtlich oder stilgeschichtlich - und damit auch national - wichtig gehalten werden, die innerhalb der traditionellen klassischen Wertskala kaum Beachtung verdient hätten.

Auf die einfachere Frage: polnisch oder ausländisch? antwortete man nun häufig mit einem simplen Kompromiss: Die polnische Kunst und Architektur waren einerseits europäisch, andererseits eigenständig. Schliesslich handelte es sich bei diesem Disput um Teile eines bereits oben erwähnten, breiteren und alten polnischen Gegensatzes: Occidentalismus / Panslawismus, der seinerseits mit grundlegenden gesellschaftlichen Polarisationen, wie Adel / Volk verbunden wurde. Eine ganz neue Art der Formulierung war der Gegensatz wissenschaftlich / populär in der Vermittlung von Kenntnissen. Tadeusz Szydłowski z.B. strebte als Mitglied der Krakauer Schule in seinen Inventarisationen nach weitläufiger Bauanalyse und Dokumentation, er war dazu ein Internationalist in seiner Verfechtung der modernen Architektur und Kunst, sowie ein Anti-Nationalist in seiner Arbeit zu Veit Stoß; aber in einem expressis verbis für die Laien bestimmten Buch wählte er etwas

MALER UND ARCHITEKTURZEICHNER INTERPRETIEREN ALTE BAUTEN

(a) Die Dramatik der Szenen Artur Grottgers ('Kirchenschändung', 1866, S.63) täuscht nicht darüber hinweg, dass er von der historischen Architektur und Kunst in Polen nur wenig Ahnung hatte.

(b) Jan Matejko in Krakau hingegen macht die Detailstudie zum Ausgangspunkt vieler seiner Historienbilder (S.64; Krakau, An der St. Barbarakirche, MNK).

(c, d) Für Jan Sas Zubrzycki gelten vor allem die einfacheren Dekorationsformen des 13. Jahrhunderts als etwas spezifisch polnisches; für Stefan Szyller (d) gilt das linke Walmdach als polnisch, das rechte als preussisch (1916).

(e) Für Leon Wyczółkowski war die Kirchendekoration des Barock eine Kunst der Fülle und Schwüle (Sarkophag des Hl. Stanislaus, Krakau-Wawel, 1907 MNW).

(f) Józef Brandt spezialisierte sich auf die Kombination von Landschaft und Historienbild; die Architektur von Wilanów (S.42) verschwindet hinter den Trachten der Zeit ('Die Abreise Jan III Sobieskis', MNW-Wilanów, 1897 Ausschnitt).

(g, h) Stanisław Noakowski hingegen sieht in seiner imaginären polnischen Architektur - gleich welchen Stils - vor allem massive kahle Wände mit isolierten Dekorationselementen. (g: 'Portal einer Barock-Kirche' 1918, Muzeum Bydgoszcz; h: 'Inneres einer gotischen Kirche', 1927, MNW).

(i) Bei Bauernkaten betonte man zunächst die rohe Bauweise. (Jan Styka und Wojciech Kossak, Sensenmänner, Teil des Panoramas Racławicka, 1894, in Wrocław/Breslau, früher Lwów/Lemberg).

(k) In den frühen Zeichnungen Matejkos sind alte Kleinstädte vor allem schmutzig (Wiśnicz, um 1866).

(l) In der neuen Welle der Volkskunstbetrachtung der 20er Jahre hingegen sah der Grafiker Władysław Skoczylas vor allem scharfe Konturen und saubere Flächen (Winter in Kazimierz Dolny, 1933)

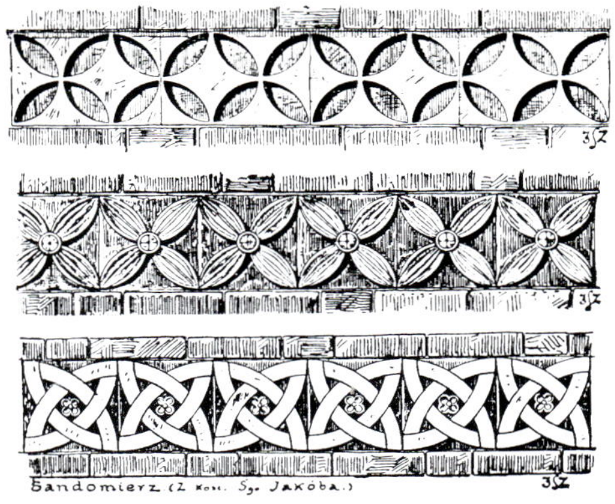
Sandomierz (Z Kośc. Sgo Jakoba.)

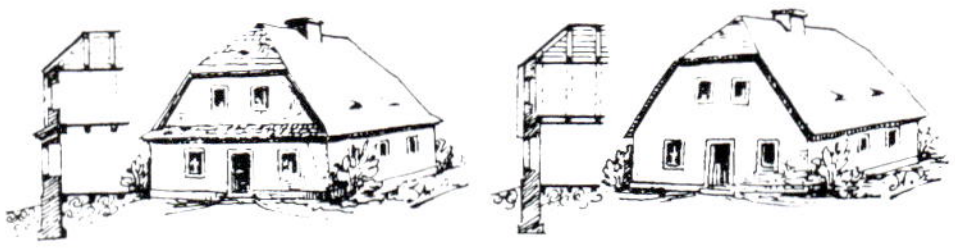

von der Sprache Sas Zubrzyckis: Auch er findet in der frühen Backsteindekoration des 13. Jahrhunderts vor allem 'Polskie siły [Kräfte]...' Für ihn sind Wissenschaft und Popularisierung getrennte Bereiche;[18] das nationale Element ist vornehmlich in letzterem zu suchen.

Bis 1918, als Polen die staatliche Einheit wiedererlangte, hatte sich die polnische Kunstgeschichte auf alle Epochen ausgeweitet. Was die Institutionen betraf, so spielten die Akademien immer noch ein grosse Rolle, daneben gab es aber bald auch an fünf Universitäten Lehrstühle; dazu kam das vor allem für seine Bauaufnahmen geschätzte Institut am Warschauer Polytechnik unter dem Architekten Sosnowski (S.82,86). Der neue Staat übernahm nun die Inventarisation. Die zeitgenössische polnische Kunst selbst fand vielfach Anerkennung im Ausland, gerade als nationale polnische Kunst, wobei 'Traditionen' der Volkskunst eine erfolgreiche Mischung mit moderner Hochkunst, mit Kubismus und Expressionismus eingingen (S.88).[19] Mächtige Bauten entstanden für die Nationalmuseen Krakau und Warschau, letzteres wurde zur vollgültigen Institution ausgebaut, mit einer wachsenden Zahl von internationalen Kontakten und Ausstellungen.[20] Führende Kunsthistoriker, wie Walicki und Starzyński sprachen von 'Verantwortungsgefühl' im neuen Staate Piłsudskis, und sie beteiligten sich an neuen Vereinigungen zur Popularisierung, z.B. beim Instytut Propagandy Sztuki.[21] Es kommt nun zu den ersten grossen, internationalen 'Synthesen', das heisst handbuchartigen, umfassend illustrierten Bänden. Man übersetzte z.B. Richard Hamanns Geschichte der Kunst von 1933, in der über Polen allerdings nichts stand; sie wurde von Walicki und Starzyński mit einer Ergänzung versehen. Eine Gruppe polnischer Kunsthistoriker verfasste ein ähnliches grosses Werk, in das die polnische Kunst sorgfältig, aber nur jeweils auf wenige Seiten eingearbeitet wurde.[22]

(a) Warschau, Muzeum Narodowe [Nationalmuseum], von Tadeusz Tołwiński 1926-38

(b) Wojciech Gerson: Wit Stwosz auf dem Wege nach Nürnberg 1882, MNW. Eine Zigeunerin erscheint dem nach Nürnberg zurückkehrenden Veit Stoß und warnt ihn vor dem, was ihn dort erwartet.

Die deutsch-polnische Auseinandersetzung in der Kunstgeschichte

I Anfänge; der Kampf um Veit Stoß

Nicht nur in der praktischen Politik, auch in den Auseinandersetzungen zwischen den Kunsthistorikern beider Länder kam es zu merkwürdigen und auch schrecklichen Vorkommnissen. Später wurde in Polen zuweilen von einem 'Imperialismus der deutschen Wissenschaft' gesprochen - und das innerhalb eines Faches, das prinzipiell als international galt.[23] In Deutschland, und mehr noch in Polen, herrschte traditionell eine Haltung des Bescheidwissens über alles, was jenseits der Grenzen passiert. Allerdings befand sich Polen in einer eher einseitigen Position, die jener Deutschlands vis à vis Frankreich ähnelte: Man studierte den jeweiligen westlichen Nachbarn, aber der westliche Nachbar wusste selbst herzlich wenig über den jeweiligen östlichen Nachbarn. Auch Galizien spielte im Österreich-ungarischen Gesamtverband nur eine geringe Rolle, lediglich August Essenwein verfasste von dort aus ein vielbeachtetes Buch über die mittelalterliche Architektur Krakaus.[24] Die deutsche Polenbegeisterung des mittleren 19. Jahrhunderts erstreckte sich hauptsächlich auf Politik und Musik. Im späten 19. Jahrhundert belasteten die Germanisierungsmassnahmen in Posen die Beziehungen schwer; andererseits sorgte die preussische Denkmals-Inventarisierung dort bereits 1898 für ein recht detailliertes Werk des grundsoliden und dem Chauvinismus nicht zugeneigten Julius Kohte.[25] Die preussische Besatzung Warschaus während des ersten Weltkriegs, ein vergleichsweise mildes Regime, holte unter anderem Architekturhistoriker wie Kohte und Cornelius Gurlitt herbei, um die Architektur Masowiens zu erforschen; es wurden aber hier bereits die deutschen Komponenten stärker betont.[26] Die übrigen Kenntnisnahmen Polens waren eine Mischung von Zufälligkeiten: von den 'nervösen', französisch orientierten Polen erzählte der Literaturkritiker Georg Brandes (1898); es gab gelegentlich Begeisterung für die neue Krakauer Kunst in Wien (Berta Zuckerkandl); 1930 erschien das 'erste', kurze deutsche Buch über die neuere polnische Kunst von dem wenig bekannten Alfred Kuhn.[27] Einiges Interesse erregte in Polen Josef Strzygowski, der damals international bekannte Wiener Kunsthistoriker. Dieser betonte den Beitrag der nordischen und slawischen Völker (wobei er Kunst und Prähistorie und im Prinzip auch die Volkskunst stets zusammen behandelte) gegenüber der 'westlichen' und von Rom ausgehenden Kunsttradition. Nach dem ersten Weltkrieg bemühte er sich sogar - obgleich der polnischen Sprache nicht mächtig - um Lehrpositionen in Warschau und Krakau, beides vergeblich.[28] Später betonte er, dass er trotz seines polnischen Namens rein deutscher Abstammung sei.

Es gab allerdings ein Objekt, mit dem sich Deutsche und Polen dauernd auseinandersetzten: Veit Stoß's Marienaltar und seine Krakauer Tätigkeit von 1477 bis 1496 (S.31).[29] Hier ist die Literatur unübersehbar, es gibt sogar eine beträchtliche Literatur über die Literatur. Den Anfang damit machten Tadeusz Szydłowski im Jahre 1913 und der junge Max Loßnitzer auf der 'anderen Seite' im Jahre 1912. Die Vorgeschichte reicht natürlich viel länger zurück. Die Krakauer entdeckten Wit Stwosz für sich in den 1820er Jahren. Er wurde schnell zu einem der grössten Helden in diesem alt/neuen

DIE ARCHITEKTUR DER BESATZUNGSMÄCHTE

(a) Das neue (russische) Königreich Polen errichtete ein neues Bank- und Börsengebäude (links); für das Steuer- und Schatzamt wurden jedoch zwei bereits bestehende Paläste des polnischen Adels umgebaut (Antonio Corazzi, 1823-30, heute Rathaus / Plac Bankowy).

(b) Lwów / Lemberg, Stadttheater, von Z. Gorgolewski, 1897-1900; internationale Neo-Renaissance unter österreichischer Herrschaft.

(c) Warschau, Russische Kathedrale (Sobór) St. Alexander Newski, von L.N.Benois, 1894-1912. Russische Machtdemonstration auf dem zentralen Platz Warschaus (Plac Zwycięstwa); abgerissen und aus der Erinnerung getilgt durch den neuen polnischen Staat in den 20er Jahren.

(d) Złota Kaplica (Goldene Kapelle) im Dom zu Posen (c. 1816-1840), Architekt F.M.Lanci (Warszawa/Kraków), Skulptur J. C. Rauch (Berlin): Eine Darstellung der ältesten polnischen Geschichte (Figuren der ersten polnischen Könige Mieszko I und Bolesław Chrobry). Von der Besatzungsmacht, Preussen, unterstützt, wurde die Kapelle durch Beratung (Schinkel, Friedrich Wilhelm IV.) und Beteiligung aus Berlin zu einem Werk der Berliner Kunst, zu deren wichtigsten Mäzenen die Initiatoren der Kapelle, die Grafen Raczyński, zählten.

(e) Poznań/Posen, Pałac Kultury (Schloss), 1904-1910, von Franz Schwechten; Schloss Wilhelms II. im Stil der Rheinischen ('Staufischen') Romanik, die damals als besonders 'deutsch' galt.

(f) Poznań / Posen, Wieża Górnośląska (Wasserturm und Markthalle), Hans Poelzig, 1911; ein berühmtes Werk des deutschen Modernismus, abgerissen in den 20er Jahren.

(g) Warschau, Pałac Kultury i Nauki (Wissenschaften), L.W. Rudnjeff u.a., 1952-55, 'ein Geschenk Stalins'.

Hort der Kunst und Geschichte Polens. Die Frage der Nationalität tauchte bereits früh auf, die Dokumente aber gaben keine eindeutige Antwort. Nichtsdestotrotz: Stoß galt als Krakauer, auch für viele der älteren deutschen Forscher. Für Loßnitzer und Szydłowski war alles dies nur Verwirrung und bestenfalls missgeleiteter Patriotismus. Die neue exakte, wissenschaftliche Kunstgeschichte sollte sich um etwas anderes bemühen, um die Ableitung des Stils. Hier arbeitete Loßnitzer vor; er war andererseits auch der erste, der die polnischen Schriften zum Thema benutzte; ja, man kann sagen, dass die polnisch geschriebene Kunstgeschichte gerade mit ihren Beiträgen zum ersten Mal vom Ausland beachtet wurde.

Bezüglich der Nationalfrage kamen sich deutsche und polnische Forscher nun entgegen. Szydłowski erklärte alle Identifizierungen von Stoß als Polen oder Krakauer für unwissenschaftlich. Bei Loßnitzer führte die Erforschung des süddeutschen spätgotischen Stils zur Vergewisserung der deutschen Herkunft. Diese Methode schien sicherer als ein erneutes Urkundenstudium. Andererseits ging es Loßnitzer kaum um eine besondere Betonung der deutschen Elemente. Einige Jahre zuvor hatte Berthold Daun in einem ebenfalls weitbeachteten Buch über Stoß sogar von vielen polnischen Zügen bei Stoß geschrieben ('heisse Erregbarkeit.., an den Polen und den Franzosen gemahnende... unruhige Hast' [sic]).[30] Wenn auch das Interesse an der deutschen Spätgotik damals rasch zunahm, so schien man doch noch immer Abstand zu halten. Auch Loßnitzer mass am Ende die Qualität des Stoß'schen Werkes ('eine gewisse Kraftlosigkeit...') an der Renaissance-Skulptur.[31] Zudem empfand man immer noch die Wechselfälschung, die des Künstlers spätere Tätigkeit in Nürnberg verdunkelt hatte, als etwas beschämendes. Die Polen aber schlossen daraus, dass Stoß seine glücklichste Zeit in Krakau verbracht hatte. Für den Krakauer Ludwik Stasiak (wie später auch für Sas Zubrzycki) aber blieb Wit Stwosz polnisch. Sie beschimpften Szydłowski; als Bestätigung zitierten sie eifrig - trotz ihres 'fantastischen Hasses auf die deutschen Kultur' (Szydłowski) - die polenfreundlichen Stellen bei Loßnitzer und Daun.[32]

Deutsch-polnische Auseinandersetzung II:

Der kunsthistorische Angriff auf Polen und die Folgen

Der deutsche Angriff auf Polen fand auch im Bereich der Kunstgeschichte statt. Die deutsche Vorgeschichte geht weit zurück. Wesentlich ist zunächst die Ablösung der 'streng wissenschaftlichen', d.h. der empirischen, detailbetonten Richtungen durch neue, speziell 'geisteswissenschaftliche' Methoden. Es ging nun zunächst um eine eher individualistische 'Interpretation', das historische Detail konnte später folgen. Es ging um neue Psychologien, um ausser-rationale Elemente, um Willen, um Seelisches, gesucht wurde der 'gesteigerte Ausdruck' im Sinne der neuen primitivistischen und expressionistischen Malerei und Literatur. 'Geist' wurde zum zentralen Terminus, was eine ganze Skala von Konzepten umfassen konnte, vom Schwärmerisch-Spirituellen bis zur traditionellen Charakterkunde der klassischen und christlichen Ikonographie. All dies bedeutete jedoch zugleich eine weitere Verfestigung der formalen Untersuchungsmethode, es ging nun um die 'formbildenden Kategorien der Seele' und neue Begriffe wie 'Formwille' und 'formale Werte' ('als präziser Ausdruck der inneren Werte'). Dies sollte dem Ganzen eine neue Unbedingtheit verleihen, so dass 'jeder Dualismus von Form und Inhalt verschwindet' (Worringer).[33] Dazu kam, dass nun eine grosse Anzahl Kunstbücher auch für einen ausserakademischen Leserkreis geschrieben und reichhaltig photographisch illustriert wurde; es wurde dabei aber zunächst keine klare Trennung zwischen beiden Bereichen gezogen. Ein neuer literarischer Stil macht sich allgemein bemerkbar, wohl an der Kunstkritik der Moderne orientiert: er bot weniger Argumente als Postulate und Bekenntnisse, war schwungvoll und sprachschöpferisch. Man vergleiche etwa die konventionellen Worte W. von Grolmanns über Veit Stoß: '...unerschöpfliche Fülle, ein Bild höchster relgiöser Kunst und edelsten Menschentums...', im Jahre 1918, mit denen Pinders von 1933: '...sein sich im Kampf verzehrendes Temperament, das sich in der Leidenschaftlichkeit der Formgestaltung ausdrückt, im Grunde deutsch...'[34]

Als neues Problem erschien in der intensiven Methodendiskussion um 1930 die 'Kunstgeographie'. Schon seit langem wurden einzelne Stile mit Ländern identifiziert. Im Zeitalter des Eklektizismus jedoch, wie auch dann bei der internationalisierten Moderne, ging das Interesse an geographischen Unterschieden zurück. Nun aber zielte man auf eine umfassende und systematische Unterscheidung der 'Formen' aller Völker bzw. Volksstämme und Rassen, oder auch von Regionen und Landschaften, die mehr als eine blosse Summierung von Lokalpatriotismen sein sollte. Es ging darum, nicht den stetigen Wandel der Formen und Stile, sondern ihre Konstanten aufzudecken ('Raumstil' gegen 'Zeitstil'). In Deutschland gab es jedoch auch einen aktuellen Anlass: Im Jahre 1916 hatte der bekannte französische Kunsthistoriker Emile Mâle die Deutschen als ein Volk ohne jegliche Schöpferkraft beschrieben;[35] später, als ein Pole bei Veit Stoß italienische Einflüsse feststellte, reagierte der sonst eher nüchterne Theodor Müller: '...kaum ein eindringlicheres Beispiel für die schmerzvolle politische Verwundbarkeit der Geschichte der deutschen Kunst'.[36]

All das bedeutete schliesslich die Aufgabe einer der wichtigsten Errungenschaften der neuesten Kunstwissenschaft, der Wertneutralität. Alle Länder, alle Epochen, so hiess es seit Riegl und letztlich schon seit Herder, schufen im Prinzip gleichermassen wertvolle Kunstwerke. Aber die neue Subjektivität und die aktuellen Verstimmungen zwischen einigen Völkern führten zu einem neuen Ton; dies bedeutete natürlich nicht eine Rückkehr zu der alten, universellen Lehre der Schönheit, bei der einige wenige Länder dominierten. Rational ist dieser neuen Wendung kaum beizukommen, es ging vielmehr psychologisch-existentiell um den Akt des 'Sich-Besinnen[s] auf die eigenen Werte' (Jantzen, 1942).[37] Vor allem Wilhelm Pinder, immerhin damals der Doyen der akademischen deutschen Kunstgeschichte, schien sich nun für kaum etwas anderes zu interessieren als die Variation von Werturteilen. Sein letztes Buch von 1944, 'Sonderleistungen der deutschen Kunst', schliesst mit: 'zuletzt nämlich ist die ganze deutsche Kunst eine einzige Sonderleistung'.

Unsere wichtigste Frage: wie kam es zur Identifizierung, zur Mitarbeit so vieler bekannter Kunsthistoriker mit dem NS-Staat, braucht nun kaum noch gestellt zu werden; die Wissenschaft selbst hatte sich in einer parallelen Richtung entwickelt. Sie schien das beweisen zu können, was der neue Staat hören wollte: die deutsche Überlegenheit auch in der Kunst, und sie ging konform mit ihrer neuen Metaphorik des Unbedingten, des Willens, des Aktiven, wie z.B: 'Um die Form muss noch und muss immer wieder gerungen werden' (O. Schürer).[38] Im Jahre 1939 behauptete Pinder: 'Das Ausscheiden der jüdischen Kunstgelehrten aus Forschung und Lehre befreite [uns] von der Gefahr eines allzu begrifflichen Denkens'.[39] 1933/34 formulierte der Deutsche Ver-

(a) Krakau, Wawel, Kemenate der Königin Hedwig (Jadwiga), museal ausgestattet mit königlichen Insignien von A. Szyszko-Bohusz, um 1930. Die deutschen Kunsthistoriker publizierten das Bild 1938: '...ein Muster für die wirkungsvolle Wiederherstellung und Belebung geschichtlicher Räume mit schlichten Mitteln'.
(b)Radzyń Chełmiński/Rheden, Kirche, 14.-15. Jh, einst an der Ostgrenze Westpreussens gelegen; „Deutsche Kirche auf Grenzwacht", heisst es unter diesem Bild am Ende des Buches Norddeutsche Backsteindome, 1943.

(c) Dagobert Frey (1883-1962), Kunsthistoriker; Schüler der Wiener Professoren M. Dvořák und Josef Strzygowski, Ordinarius in Breslau 1933-1945, später in Stuttgart.

ein für Kunstwissenschaft ein neues Programm zur Erforschung der nationalen Kunst mit einer speziellen Abteilung für 'Popularisierung': die Förderung von Ausstellungen, Bildmappen in Fortsetzungsreihen, Lichtbildervorträgen usw.[40]

Gerade Polen gegenüber war das deutsche Überlegenheitsgefühl am stärksten ausgeprägt. Das entscheidende Faktum für alle war zunächst das wiedererstandene Polen überhaupt. Daraus schienen alle weiteren Probleme zu resultieren: der 'polnische Korridor', Oberschlesien, die Kämpfe der in Polen verbliebenen Deutschen. Die 'Völkerverständigungsideologie' galt in Deutschland wenig; man sah eher die 'Unmöglichkeit unterschiedslos gleicher, d.h. also in ihrer Gesamtheit führerlosen Völker.'[41] Zu einem neuen Schlüsselgebiet der Politik wie der Wissenschaften wurde nun 'der Osten'. Schon vor 1918 gab es drohende Äusserungen, wie etwa die in einem Führer zur Marienburg vom 'Kampf um die Kulturarbeit der deutschen Ordensritter in der Ostmark'.[42] Aber noch Loßnitzer hatte ein prinzipielles Desinteresse gezeigt: Krakau hielt er 'für ein Handelsemporium im fernen Osten', zu dem die Deutschen - z.B.Veit Stoß - strömten, um dort schnell ihr Geld zu machen.[43] Die neue Ostforschung wurde natürlich gekoppelt mit den Begriffen des 'Volkstums', der 'Volkstumsforschung' und mit dem immer häufiger gebrauchten Wort Grenze: Grenzbewusstsein, Volkstumsgrenzen usw. und schliesslich mit dem Begriff Kolonisation (Pinder: 'die grossartige Kolonialkunst...wie sie kein anderes Volk der Welt kennt'[44]). Im Jahre 1934 plante der Deutsche Verein für Kunstwissenschaft eine Publikationsreihe 'Grenzlande deutscher Kunst'. Frey sprach 1938 von einem speziellen Interesse für 'Randspannungen' und sogar von einer 'Kampfzone gegen Osten', die 'für Deutschland immer zugleich Zone der grössten künstlerischen Produktivität' gewesen sei.[45]

Was nun die Kunstwerke im neuen Polen betraf, so herrschte zunächst einmal eine ganz normale Entdeckerfreude. Vor allem Frey stellt mehrfach fest, dass die Kunst dort 'reicher, eigenartiger und wertvoller sei... als selbst in Fachkreisen bekannt'.[46] Mit einigen Kollegen unternahm er 1934 und 1938 ausgedehnte Studienreisen. Man erkannte zudem, dass die polnische Kunstgeschichte auf internationalem Niveau operierte; auch die polnischen Ausgrabungs- und Restaurierungsarbeiten, etwa die der gotischen Mauern der Warschauer Altstadt, wurden anerkannt, sowie generell die '...vorzüglich organisierte Denkmalpflege' mit ihren 'modernsten technischen Hilfsmitteln' (Grundmann). Ausserdem war die Behandlung der Deutschen in Polen 'sehr gastfreundlich ... und zuvorkommend'.[47] Frey und Stanisław Lorentz, Direktor des Warschauer Nationalmuseums, trafen sich dann auch in London 1939 wieder beim Internationalen Kunsthistoriker Kongress und Lorentz besuchte sogar Frey Anfang 1939 in Breslau. Noch bemerkenswerter sind Feststellungen wie diejenige, dass '...polnische Gelehrte ohne jeden Chauvinismus... objektiv... deutsches Nationalgut erforschen...' (Grundmann), etwa bei der Restaurierung des Warschauer Palais Brühl nach Dresdner Originalplänen.[48] Es schienen keine wesentlichen Unterschiede in den Auffassungen zur Kunst zwischen den beiden Ländern zu bestehen. Man muss hier wohl anmerken, dass damals die politischen Beziehungen zwischen Polen und Deutschland insgesamt (künstlich, nach dem Hitler-Piłsudski Nichtangriffspakt von 1934) ruhig waren, z.B. kam Göring selbst zur Eröffnung einer Ausstellung von NS- Skulpturen nach Warschau. Aber sogar noch 1940 finden sich positive deutsche Stimmen zur polnischen Kunstgeschichte.[49]

Auch die polnischen Kunsthistoriker hielten es mit dem 'Geist' in der alten Kunst, aber von der Hypertrophie der Nachbarn ist man natürlich weit entfernt. Es gab vorsichtige Versuche einer genaueren Wertung der eigenen spätgotischen Kunst: '... eher idealistisch und lyrisch als die schwäbische und fränkische Kunst... sie schwächt die Brutalität einiger Gedanken der Nürnberger Kunst ab...'.[50] In der für Polen überhaupt neuen Forschung zur schlesischen Kunst betonte man eher die Einflüsse Frankreichs und Italiens und es wird eine Tendenz spürbar, nicht von Deutschland generell zu sprechen, sondern lediglich von einzelnen deutschen Provinzen.[51] Zu erwähnen ist hier auch die Wirksamkeit Pierre Francastels am Institut Français de Varsovie in jenen Jahren, der in den analogen deutsch-französischen Kontroversen (war die Kunst des Elsass deutsch oder französisch?) für seine Seite focht.[52] Immer wieder wurde aber polnischerseits, vor allem in den dreissiger Jahren, und besonders bezüglich der Untersuchungen über Schlesien, die Objektivität betont: 'Mit völliger Genugtuung können wir feststellen, dass die polnische Wissenschaft sich auf faire Weise der deutschen Herausforderung stellte, und darüber hinaus eine edle Art (szlachetniego gatunku) der Objektivität zeigte'.[53] Frey äussert sich ähnlich, aber vieldeutiger: 'Wir möchten den Kunstgelehrten der Nachbarländer keineswegs die wissenschaftliche Objektivität absprechen - ihre besten und bedeutendsten Vertreter haben sie immer zu wahren gewusst -, aber der Gesichtspunkt, von dem aus sie das historische Material betrachten, ist doch vielfach ein anderer als der unsrige. Wir werden gerade im Sinne des Nationalsozialismus das Recht nationaler Wertung, das wir für uns beanspruchen, auch den anderen Nationen zubilligen, da geschichtliche Betrachtung und vollends kunstgeschichtliche ohne Wertmaßstäbe nicht möglich ist.'[54]

In der Tat nehmen die feindlichen deutschen Meinungen zu, etwa: Polen entwickelte '...keine eigene Sprache... vor dem triumphalen Vorstoss rheinischer [romanischer] Bauten...' wie es 1938 hiess.[55] Nach dem realen triumphalen Vorstoss im September 1939 wurden die Polen offiziell für der Kunst, Kultur und Wissenschaft unfähig gehalten. Unter dem Vorwand des Semesterbeginns wurden im November die Lehrer der Krakauer Universität zusammengerufen - und gleich ins Konzentrationslager abgeführt. Die Institutionen und Bibliotheken wurden durcheinandergeworfen, später in Warschau sogar mutwillig angezündet; viele Denkmäler (etwa Chopin in Warschau, S.91) wurden umgestürzt. Sämtliche Universitäten, Museen, Bibliotheken usw. wurden geschlossen. Überall sammelten die Deutschen Kunstwerke ein ('Sicherstellung') und verbrachten sie ins Reich; vieles verschwand.[56] Mit Bitterkeit berichtete Lorentz später über 'das Doppelgesicht des Dr. Frey': nur wenige Monate nach den freundschaftlichen Begegnungen traf er Frey als Kunsträuber im Nationalmuseum, wo jener die Mitnahme der Belottos beaufsichtigte und bald darauf auch im Königsschloss, wo Frey das Herausbrechen von Teilen der Ausstattung begutachtete. Lorentz und seinen Helfern gelang es, noch eine Menge von Bauteilen zu retten, während die Sprengung des Schlosses schon vorbereitet wurde. Dies aber geschah schliesslich erst Ende 1944.[57] Frey wurde später der direkten Vorbereitung des Kunstraubes beschuldigt; Polen verlangte vergeblich seine Auslieferung.[58] War die Freundlichkeit der deutschen Kunsthistoriker vor 1939 lediglich ein Täuschungsmanöver?

Aufgabe der Sektion Kunstgeschichte am neuen, in der Jagiellonen-Universität untergebrachten Institut für Ostarbeit, die dem Frey-Schüler Ewald Behrens unterstand, war: die 'deutschen Grundzüge im künstlerischen Antlitz des Landes kräftig herauszuarbeiten'.[59] Die Kunst, so hiess es, eignete sich besonders durch ihre 'Unmittelbarkeit' zur Charakterisierung der Ostbewegung insgesamt. Eine polnische Kunst habe es sowohl in Krakau als auch im Generalgouvernement insgesamt praktisch nie gegeben.[60] Selbst die polnische Holzbaukunst galt als deutsch. Andere Worte kommen direkt aus der schlimmsten Propaganda, wie '...die verpolten und verjudeten Stadtbilder ...' im 'befreiten' Schlesien (Grundmann).[61] Forschungsresultate im engeren Sinn ergaben sich herzlich wenig. Die Verbindungen der Krakauer Spätgotik mit Breslau einerseits und mit den Karpathen andererseits hatte bereits Sokołowski um 1900 festgestellt.[62] Es zeigten sich hierbei jedoch die Vorzüge der stilbetrachtenden Methoden auf dem Höhepunkt der deutschen Gebietsausweitung 1942: das Aufzeigen der Zusammenhänge weit entfernter Werke. Vieles ist reine Schmucksprache mit auswechselbaren Begriffen: es gab '...Dauerhaftigkeit eines Naturgesetzes', aber auch 'Spannungen...'; mit der dicksten Tinte schrieb gewöhnlich Gustav Barthel: 'wunderbare[s] Ungestüm... ungeheure Kraft in breitem und dichtem Wuchs...'.[63]

Die weiteren Auseinandersetzungen um Veit Stoß folgen dem gleichen Muster. Das 400. Todesjahr des Meisters 1933 brachte zunächst in Krakau die Freilegung der alten Bemalung des grossen Altares. Szydłowski und die polnischen Restauratoren erhielten den ungeteilten Beifall der Deutschen.[64] Wenig später finanzierte das Institut Français in Warschau Szydłowskis Buch über den Altar und Francastel betonte im Vorwort die burgundischen und flämischen Züge im Werk von Stoß.[65] Schon 1933, bei Gelegenheit der Nürnberger Geburtstagsausstellung erhielt die frühere deutsche Forschung von den Nazis einen Rüffel: sie habe die nationale Frage nicht ernst genug genommen. Pinders Worte des gleichen Jahres wurden bereits zitiert. 1939 kommt es zum gefährlichsten Kapitel der Veit Stoß-Saga. Die Krakauer nahmen im Sommer 1939 die Skulpturen aus dem Marienaltar heraus und versteckten sie an verschiedenen Orten. Die Deutschen brauchten Monate, um sie zu finden, und nahmen dann alles mit, sogar den riesigen Altarschrank aus der Kirche - keiner wusste wohin; erst nach dem Krieg fand man das Werk in der Nürnberger Burg und führte es zurück.[66] Gleichzeitig begann im Krakauer Ostinstitut eine Wanderausstellung Veit Stoß (mit Photos des Altares) - zugänglich 'nur für Deutsche'. Generalgouverneur Frank sagte bei der Eröffnung, die Polen hätten 'nichts für den Altar getan'; Stoß sei einer der 'ganz Grossen, die einsam wie der Adler ihren Höhenflug antreten'; kein ganz so logischer Gedankenflug war Franks weitere Bemerkung über die 'weltweite Persönlichkeit Adolf Hitlers'.[67] Doch nicht alles klang national: Behrens' Vergleich des Werkes mit 'der Schönheit und dem Ebenmass klassischer griechischer Plastik' erinnert an Wit Stwoszs ersten polnischen Entdecker, Grabowski, fast hundert Jahre zuvor: '...unser Phidias und Praxiteles'.[68]

Im neuen westdeutschen Staat spielten die vielen Millionen Vertriebenen eine bedeutende Rolle. Zunächst schrieben noch die Autoren der Zwischenkriegszeit mit kaum veränderter Sprache weiter. Eine neue Art der Publizität entstand, die die Heimat zelebrierte, ein Wort, das nun eine spezielle Bedeutung erlangte, eine Sehnsucht nach bekannten, aber unzugänglichen Regionen. Die Bedeutung der Kunst, besonders der Baukunst in dieser neuen Ostbetrachtung nahm eher noch zu. Gewisse Objekte, hiess es 1959, denen 'bislang nur aesthetisches oder kunstgeschichtliches Interesse zugekommen ist, haben für viele Menschen seit 1945 Symbolwert'.[69] Die Ostwissenschaftler Grundmann, Aubin u.a. gründeten 1950 das mit Bundesmitteln finanzierte Johann Gottfried Herder Institut in Marburg an der Lahn. Hier wurde der Wert 'deutsch' vielfach ersetzt durch 'abendländisch-christlich' und zumindest vorsichtig wird nun die 'Vielfalt kleiner Völker und Staaten als innewohnender Struktur des Raumes', also die Wilson-Doktrin von 1918 anerkannt.[70] Bald entwickelten sich die Publikationen des Instituts zu einer Informationsquelle für Polen insgesamt, und, was die Kunstgeschichte betrifft - jedenfalls ihre mehr traditionellen Gebiete -, zur wichtigsten. In der DDR lagen die Dinge anders, es gab früher offizielle Kontakte mit Polen. Mit Schärfe attackierte die DDR die westdeutsche Ostforschung und hob ihre Kontinuität mit der Vergangenheit hervor, aber der Blickwinkel war doch am Ende ein engerer: Ausschliesslich auf die Sowjetunion ausgerichtet und auf deren Art von materialistischem Internationalismus, gab es hier keinen Platz für psychische Identifizierungen mit einer Region oder mit ihrer Kunst.[71]

Die Grenzgebiete selbst muten zuweilen an wie ein Spielball in allen diesen Auseinandersetzungen, verbal wie real. Schlesien litt deutscherseits zunächst unter dem, wie es später hiess, 'Fehlurteil Randgebiet'. Polnischerseits betonte man natürlich Einflüsse von Osten, aber auch solche aus Böhmen, West- und Südeuropa; Deutschland galt mehr als ein Durchgangsland. In Breslau hingegen fühlte man sich bemüht, im Rahmen der neuen Ostforschung einerseits die Region an Deutschland zu binden, andererseits aber auch ihre Eigenheiten zu betonen. Man sah Breslau nun als 'Austauschgebiet', oder sogar sinnigerweise als 'Ausfallstor' der 'Formkräfte des deutschen Ostraumes'. Nach dessen Ausweitung wurde betont, dass Breslau häufig östlicherseits beeinflusst wurde, d.h. die polnischen Ansichten wurden bestätigt, nur mit umgekehrten Vorzeichen, was vorher als polnisch galt, war nun deutsch.[72] Nach dem Krieg kam es besonders für Schlesien noch einmal zu einem recht drastischen Herumschieben von Kunstwerken: Im Zuge der 'rewindykacja' (von 1946 an) schaffte man eine Menge Altäre und Skulpturen aus Niederschlesien ins Warschauer Nationalmuseum, während das Museum in Wrocław Werke polnischer Kunst erhielt.[73] Die Polen waren nun schnell dabei, die Probleme der deutschen Analyse aufzuzeigen: die Deutschen hatten Schlesien traditionell vernachlässigt, dann aber auf die polnischen Initiativen der dreissiger Jahre zu antworten versucht. Durch die Betonung des 'Kolonialen' sei die Provinz aber gleichsam vom Westen abgeschnitten worden.[74] Der frühere Breslauer Kunsthistoriker Tintelnot stellte 1951 zunächst fest, dass Kunstgeschichte mit Politik nichts zu tun habe. Die mittelalterliche Baukunst Schlesiens hielt er nun kategorisch für einen 'klar abgeschlossenen Kunstraum' mit 'eigenen stilistischen Ausdrucksformen', ohne jegliche slavischen Einflüsse.[75] Bereits vor 1960 begann aber eine Annäherung der deutschen und der polnischen Forschung. Letzthin schlugen einige polnische Forscher am Instytut Sztuki in Warschau sogar eine finanzielle Zusammenarbeit in der Inventarisation vor.[76] Schlesien behielt eine Art von Kontaktfunktion, in einer Zeit, in der die polnische Kunstgeschichte mehr denn je auf sich selbst gestellt war.

Der kunsthistorische Wiederaufbau

Zwei Entwicklungen Polens nach dem Krieg sind auch ausserhalb weithin bekannt geworden: Der Wiederaufbau von Stadtkernen im alten Stil und die für ein Ostblockland erstaunliche Kürze des kommunistischen Kunstdiktats. Weniger bekannt ist die damit einhergehende enorme Ausweitung der kunsthistorischen Forschung generell. Und das alles in einem Land, das ein Mass sowohl chaotischer wie systematischer Zerstörung, und dazu eine Reduzierung der Bevölkerung erfahren hatte, wie wohl kaum jemals ein grösseres Land zuvor. In den Städten waren die Zerstörungen unterschiedlich stark, die ältere Innenstadt Warschaus hielt jedoch mit fast 100% den Rekord unter allen grossen Städten Europas.

Natürlich knüpfte man mit dem Wiederaufbau an eine lange Vorgeschichte der polnischen Diskussion um die Methoden und Ziele der Denkmalpflege an. Was die Kenntnis und Erforschung der Bauten auf dem flachen Lande betraf, so waren die Bedingungen nie günstig gewesen. In Russisch-Polen konnte eine moderne Inventarisation erst nach 1906 überhaupt geplant werden; in Galizien wurde die Herausgabe der ersten sechs polnischen Inventarbände zunächst verzögert durch die Verweigerung eines Zuschusses seitens der kaiserlichen Regierung, die die deutsche Sprache zur Bedingung gemacht hatte. Die Zwischenkriegszeit fügte nur wenige Bände hinzu. Die Beurteilung der Denkmalpflege jener Zeit war unterschiedlich; wie bereits zitiert, spendeten die Deutschen den polnischen Kollegen höchstes Lob. Die Polen selbst waren 1945 mit allem, was vorher geschehen war, völlig unzufrieden. Denn nun schien alles so viel dringender. Es gab, wie es hiess, immer noch Baudenkmale zu entdecken, sogar romanische Kirchen. Die Inventare, so hiess es weiter, werden zu den Standardwerken der nationalen Kultur gehören, so wie das Wörterbuch der polnischen Sprache. Man gebrauchte hierbei das Wort 'zabytek', das umfassender ist als das deutsche 'Denkmal' und etwa der älteren Formulierung 'Bau- und Kunstdenkmäler' entspricht; dazu klingt in der Rhetorik viel von dem heutigen englischen 'heritage' an. Von 1953 an erschienen in rascher Folge die Bände des 'Katalog Zabytków Sztuki w Polsce', eine Mischung etwa aus 'Dehio', den englischen 'Pevsner'-Bänden und den deutschen 'Kurzinventaren'. Bis heute sind 185 Bände erschienen. Die Organisation der Denkmalpflege wurde nun in der Naczelna Dyrekcja Muzeów i Ochrony Zabytków zentralisiert, d.h., die Direktion der Museen und der Pflege der Bauten wurde in einem Amt zusammengefasst, wobei das Warschauer Nationalmuseum unter Lorentz mit thematischen Ausstellungen eine wichtige Rolle spielte. Ausführende waren von 1951 an meist die zentralen staatlichen Werkstätten (Pracownie Konserwacji Zabytków, 'PKZ'), vor allem für spezialisierte handwerkliche Arbeiten; dazu kam 1962 der rein wissenschaftliche Ośrodek [Zentrum] Dokumentacji Zabytków (ODZ).[77]

Der Aufbau selbst aber galt als Sache des 'ganzen Volkes'; Teile der Gelder für die Warschauer Altstadt wurden im ganzen Lande gesammelt. Die Deutschen, so beschwor es Generalkonservator Jan Zachwatowicz im Jahre 1946, wollten mit ihren mutwilligen, planmässigen Zerstörungen und ihrem Kunstraub die 'polnische Nation vernichten'; es galt nun zu beweisen, dass die Bauten und die Nation wiedererrichtet werden konnten. 'Bo naród i pomniki to jedno': 'Denn Nation und Denkmäler, das ist eins'.[78] Es standen, wie anderswo, drei Auffassungen bezüglich des Wiederaufbaus zur Auswahl. Nr. 1: die Stilgenauigkeit des 19. Jahrhunderts, d.h. Plan, Umriss und Dekoration des wiederaufgebauten Baus folgen genau dem altem Vorbild. Nr. 2: eine neuere Auffassung, von John Ruskin und später von Alois Riegl formuliert: Alterswert hat nur das, was im Material alt ist. Nr. 3: die Wertschätzung grösserer Gebäudegruppen und Platzräume - zunächst eine Idee des Österreichers Camillo Sitte, bald auch Heimatschutz genannt - wobei die 'stilgetreuen' Details von Nr. 1 und auch die Materialität von Nr.2 eine geringere Rolle spielen, dafür umsomehr abstrakte Formwerte, wie der 'einfache Umriss' und die 'Masse' sowie die genaue Farbabstimmung. Heftige Kontroversen erwuchsen zwischen Nr. 1 und Nr. 2, denn sie schienen sich gegenseitig auszuschliessen. Für viele Denkmalpfleger in den kriegszerstörten Ländern erschien ein Wiederaufbau in alten Formen mit neuen Materialien eine Lüge, auch bei noch so 'korrekter' Stil-Imitation.[79] Polens Architektur der späten 1940er Jahre zeichnete sich generell durch eine enge Anlehnung an den internationalen Modernen Stil aus. Beim Wiederaufbau der Altstädte entschloss man sich aber im wesentlichen für den stilgetreuen, für Nr. 1, aus den genannten nationalen (später formulierte man auch: 'emotionalen') Gründen, allerdings nicht ohne Konstatierung einer 'Tragik der denkmalpflegerischen Fälschung' (im Sinne von Nr.2).[80] Im Falle der Warschauer Kern-Altstadt hatte man zum Glück vor dem Krieg eifrigst an der Bauaufnahme gearbeitet, dazu kam eine einzigartige Quelle der Anschauung: Bellottos Gemälde. Natürlich schloss der Aufbau auch Elemente von Nr. 2 ein, die Wiederverwendung geretteter Einzelteile, vor allem im Königsschloss. Schliesslich gehörte der Aufbau eines ganzen Stadtteils auch unter die Nr. 3, denn es ging um die Einheitlichkeit der Strassenfronten und Platzräume und vor allem um die farbliche Abstimmung.

Aber die Methoden Nr. 1 und 3 der Denkmalpflege bedeuteten nicht nur 'Stilgenauigkeit' bzw. Anpassung, sondern stets auch Stilentscheidung. Hier aber kamen die Kunsthistoriker zum Zuge. Entsprechend den Anschauungen und der Wertungen des 20. Jahrhunderts wurden alle Bauten und Bauteile des späteren 19. und des 20. Jahrhunderts eliminiert. Man versuchte, einen Zustand festzuhalten, der dem der Zeit der polnischen Republik um 1780 - und das beutete auch: Bellotto - entsprach. Bei etwas später gebauten Stadtteilen, vor allem der vornehmen Einkaufsstrasse Nowy Świat, wurde ein teils bekannter, teils vermuteter Zustand von etwa 1850 hergestellt. Vor allem die Warschauer Altstadt, so wie sie heute steht, kann man also als ein Werk der künstlerischen Präferenzen der mit 'maximaler wissenschaftlicher Genauigkeit'

(a+b) Blick auf die Warschauer Altstadt: Bernardo Bellotto 1770 (Ausschnitt) und heute.

(c) Warschau Altstadt, Ulica Piwna 1946.
(d) Warschau, Rynek Starego Miasta, Markt der Altstadt, wiederaufgebaut um 1950: '...Denkmal der nationalen Kultur und der revolutionären Kämpfe... zerstört von den faschistischen Besetzern, der Nation zurückerstattet von der Regierung Volkspolens...'.

arbeitenden Kunsthistoriker der Zeit um 1945 verstehen.[81] Andererseits sind jedoch die 'Altstädte' auch Schöpfungen des modernen Wohn- und Städtebaus. Hinter den Fassaden sind die meisten Bauten mit grossen Höfen und Durchgängen völlig neu gestaltet. Später eliminierten die Planer den Wagenverkehr; die Altstadt wurde zum modernen Touristenzentrum und der Marktplatz zu einer Art Guten Stube der Warschauer. Zum denkmalpflegerischen kam also der städtebauliche Erfolg. Schliesslich sind die Wanddekorationen im Stil des 'Socrealizm' ein Zeuge der polnischen Kunst der frühen 1950er Jahre. - Bei dem sehr viel grösseren alten Stadtkern von Danzig verfuhr man grosszügiger, d.h. 'alt' ist meistens nur die Fluchtlinie, die Höhe der Häuser und die Fassadengliederung im Groben; in Stettin gab es nur eine allgemeine Befolgung der alten Strassenlinien und ein Bestehen auf geneigten Dächern.

Schon in den 1950er Jahren erlangte all dies internationale Beachtung. In vergleichbaren Situationen, zum Beispiel in Münster in Westfalen und Lübeck, wählte man in jenen Jahren einen Kompromiss neu/alt - bei dem viele alte Reste beseitigt wurden - und der später immer wieder kritisiert wurde. Etwa von den späten 1960er Jahren an begann man, sich der 'polnischen' Methode zu

(e) Gdańsk/Danzig, Langer Markt 24, 'Volkskunst'/ Sozialistischer Realismus der 50er Jahre.

(a+b) Warschau, Sigismundsäule (1644) und Königliches Schloss (17.-18 Jh., S.52): 1971 und heute.

(c) Warschau, Muzeum Narodowe: Polnische Kunsthistoriker und Restauratoren (links: S. Lorentz) während des Krieges mit aus dem Schloss geborgenen Dekorations-Teilen.

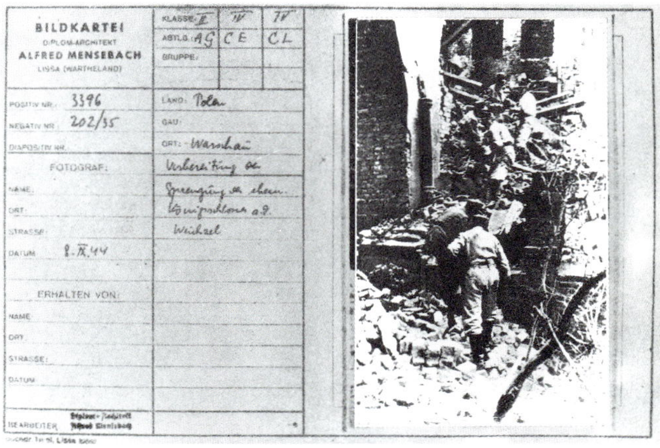

(d) Die deutsche Besatzung bohrt Sprenglöcher in das Warschauer Schloss, 1944.

(e+f) Gniezno/Gnesen, Kathedrale, 14. Jh.; die Beseitigung der barocken Dekoration nach 1945 (J. Zachwatowicz).

bedienen und riss sogar einige der Nachkriegs-Kompromissbauten wieder ab, um sie durch Fassadenkopien des Alten zu ersetzen (Römerberg, Frankfurt). Verglichen mit diesen Bauten besitzt die heutige Stare Miasto in Warschau einen beträchtlichen Grad von Authentizität. Noch heute geniesst die polnische Denkmalpflege insgesamt einen internationalen Ruf (etwa bei der Restaurierung des Trierer Doms oder des Schloss Brühl bei Köln). - Allerdings hatte alles dies auch eine Kehrseite: in manchen Landesteilen Polens, besonders im neuen Westen und Norden verfielen viele alte Stadtteile und bedeutende Bauten, und so manche Ruine wurde abgetragen; zeitweilig wurden sogar alte Baumaterialien von dort in die Hauptstadt geschafft;[82] wir haben es hier auch mit einem Beispiel des kommunistischen Zentralismus zu tun. In dieser Hoch-Zeit des Nationalismus in der Kunstgeschichte und Denkmalpflege spielte aber jetzt weniger die Ideologie eine Rolle; es war die Tatsache des Aufbaus 'mit eigenen Händen', die auch aus dem von einem ausländischen Architekten entworfenen Barockpalais einen direkten Zeugen der polnischer Kultur machte. Das nationale Argument überwand schliesslich in den siebziger Jahren auch das Zögern der kommunistischen Partei beim Wieder-

(a) Warschau, Instytut Sztuki [Kunstgeschichte] PAN, ulica Długa (früher Palais Radziwiłł, 18. Jh.).

(b) 2. Allgemeine Polnische Konferenz der Kunstwissenschaften 1955. Zur Linken des Redners (W. Tomkiewicz) S. Lorentz, zur rechten J. Starzyński.

aufbau des Könisgschlosses - nun kam auch der letzte 'Kampf ums Schloss' zu seinem Ende. Das prächtige Innere (S.52) ist der stolze Abschluss des Wiederaufbaus in Volkspolen und dient heute zu Repräsentationszwecken der neuen polnischen Republik.[83]

Die Kunstwissenschaft und der kommunistische Staat

Am Anfang stand die Freude der Überlebenden - mehr als die Hälfte aller polnischen Wissenschaftler waren im Krieg umgekommen. Dazu kam das Gefühl der wiedergewonnenen Kommunikation, was sich in zunächst in einer enormen Publizistik und Organsiationsfreudigkeit äusserte. Es hiess, dass es für das neue Ministerstwo Kultury i Sztuki keinerlei Vorbild gegeben hätte. Natürlich ging die Auflösung, bzw. die Nichterneuerung älterer Institutionen für Künstler und Wissenschaftler nicht ohne Widerstände vor sich, aber allgemein galt, dass die Organsisationen der Zwischenkriegszeit wenig erfolgreich gewesen waren. Gründer der meisten neuen Institution waren zudem die wichtigsten Männer der dreissiger Jahre, vor allem Lorentz und Starzyński. Von 1947 an begann der kommunistische Einfluss. Einer Rede des Präsidenten Bolesław Bierut im Jahre 1948 zufolge ging es um die Förderung der Kunst 'in allen ihren Bereichen', 'für alle', eine Forderung, der die erwähnten Kunstorganisatoren wohl kaum widersprachen. Für das neue Regime hiess das allerdings, dass nun alles vom Staat geleitet werden sollte. Der Anteil für Kultur wuchs von 0,44 % der Staatsausgaben im Jahre 1947 auf auf 1,3 % im Jahre 1950. Bald gab es praktisch kein kulturelles Faktum, von der Schallplatte bis zur Buchhandlung, das nicht vom Ministerium für Kultur und Kunst dirigiert wurde, durch immer neue Gesetze, Programme, Konferenzen, Ausschüsse, 'Koordinierungen'. 1952 gründete man die Polska Akademia Nauk (Wissenschaften, 'PAN') für alle Forschung und höhere Lehre (auf Kosten der Universitäten natürlich). Das Vorbild war die Sowjetunion, die auch den so weithin sichtbaren Pałac Kultury i Nauki stiftete (S.9).

Für die Künste schuf man bereits 1949 eine ähnliche Institution, das Państwowy [staatliche] Instytut Sztuki ('PIS', später 'IS PAN'). Dieses Institut der Kunst hatte mit seiner breiten Erforschung und Förderung aller Künste (auch Theater-, Film- und Musikwissenschaft) kaum seinesgleichen. Wiederum begriff man die Pflege der Kunstwissenschaften im breitesten Sinne als gleichrangig mit anderen, älteren und bekannteren kulturellen Institutionen, wie der Oper oder der Nationalbibliothek. Auch hier ging es vor allem um 'Organisation', um 'Koordinierung der Pläne'. In der Praxis hiess dies: Sammelarbeiten, u.a. die erwähnten 'Zabytków', Biographien v.a.. Man konnte bald ein Barock-Palais beziehen und baute eine umfangreiche Bibliothek und Photosammlung auf.[84] Mit der Akademie zusammen koordinierte das Institut auch die Arbeit und die Publikationen der Gesellschaft der Kunsthistoriker (SHS), wobei es sich um einen Berufsverband noch aus der Zwischenkriegszeit handelte. Auch er wird nun weitgehend vom Staat finanziert; dazu dient er auch als eine Art Club; man erwarb und nutzt noch heute das berühmteste Bürgerhaus am Alten Markt, das Dom Fukiera, und in Südpolen dient die Burg Nidzica als Tagungsort und auch als Ferienaufenthalt für Kunsthistoriker.

Praeses der Gesellschaft in den frühen 1950er Jahren war Juliusz Starzyński, eine seiner unzähligen Aktivitäten.[85] Vor allem das Instytut Sztuki galt als 'sein' Institut. Aus einer grossbürgerlichen, akademischen und künstlerisch gebildeten Lemberger Familie stammend und als Schüler der Krakauer Kunstgeschichte nahm er schon in den dreissiger Jahren wichtige Stellungen ein, vor allem als Direktor des Instytut Propandy Sztuki. Nach 1945 organisierte er Unzähliges im neuen Volkspolen, etwa den Kongress Intellektuelle für den Frieden in Wrocław 1948, an dem auch Picasso teilnahm. Starzyńskis Definiton der Kunst, z.B. in seinem Buch von 1948 'Jak patrzeć na dzieło sztuki (Wie betrachtet man ein Kunstwerk)', war die der, wie man heute sagen kann, traditionellen Moderne. Schon ein Jahr später setzte eine gesteigerte publizistische Aktivität ein im Dienste der neuen Dekrete der kommunistischen Kultur und Kunst. Wir wissen nicht, inwieweit Starzyński, der weiter seine Institutionen fördern wollte, Zwang ausgesetzt war. Schon immer einen schwungvollen Stil pflegend, bediente er sich wohl gerne der neuen gesteigerten Rhetorik: So kommentierte er einen Gesetzestext, der von den Wissenschaften im Dienste der Kunst handelte : '...in lakonischen ... aber herrlichen und monumentalen Feststellungen...'.[86] Was das Problem der polnischen nationalen Kunst betraf - angesichts der häufigen Erwähnungen der Sowjetunion und des neuen Internationalismus (im Gegensatz zum westlichen 'Kosmopolitismus') -, so genügte die häufige Wiederholung von Stalins griffiger Formel 'sozialistisch im Inhalt, national in der Form'.

Starzyński wiederholte so manche alte polnische Forderung: Alles muss streng wissenschaftlich sein; die Hauptaufgabe der 'objektiven Kunstwissenschaft' ist wiederum die Sammlung der 'detaillierten Fakten und Dokumente'; dies bildet jetzt auch die Grundlage für das 'sozialistische Bewusstsein unserer Nation' und zwar gilt dies für die Beschäftigung mit der Geschichte der Kunst wie für die Kunstkritik. Für Kunst sprich Realismus, bzw. Sozialistischer Realismus. Im wesentlichen der damaligen sowjetischen Standard-Weltanschauung folgend, hält Starzyński die Kunst für das 'Abbild' (odbicie) der materiellen Bedingungen des Lebens. Andererseits bedeutete dies für ihn nicht das Ende des Idealismus. Es geht ihm immer noch um die 'dauernden Werte der Kunstdenkmäler, 'trwałych wartościowań pomników sztuki'.[87] - Neben Starzyński gab es nur sehr gelegentliche pro-sozialistische Stimmen unter den Kunstwissenschaftlern. Der wichtigste Beitrag Polens zur Aesthetik in diesem Zeitraum lag in einem anderen Bereich, dem der Phänomenologie der Kunst.[88] Starzyński war ohne Zweifel einer der bedeutendsten Kunsthistoriker jener Epoche; ähnlich wie am Anfang der polnischen Kunstgeschichte Maryan Sokołowski trat er nicht so sehr durch originale Forschungen hervor, sondern durch erfolgreiche Gründung von Institutionen. Sokołowski allerdings hatte versucht, eine rein 'wissenschaftliche' Sphäre zu schaffen. Starzyński aber wollte eine ganze Reihe von Aufgaben gleichsam gebündelt bewältigen: Historie und Gegenwart, Theorie und Praxis, das nationale und das internationale und in gewissem Masse auch den populärwissenschaftlichen Bereich. Er versuchte dabei, das damals wohl einzigartige Klima Polens für seine Zwecke zu nutzen: Wie Jan Białostocki, ein jedes Kollektivismus' und auch Nationalismus' völlig unverdächtigter, international orientierter - und als solcher der bei weitem erfolgreichste polnische Kunsthistoriker - später schrieb: 'In der Atmosphäre der völligen Opferbereitschaft und des Enthusiasmus... inmitten von Trümmern und Brandruinen ... dank der persönlichen Einstellung und der Dienste bedeutender Vertreter dieser Generation gewann die öffentliche Rolle der Kunsthistoriker eine Bedeutung, die man bis dahin in Polen und [auch] wohl nirgends sonst antraf...'.[89]

Doch schon bald kam es wieder zu einer radikalen Wende. 1955 bedeutete bereits das Ende des 'Socrealizm'. In den Wissenschaften bezeichnete man den Marxismusunterricht als 'mechanische Handlungsweise'; allerdings sei die Teilnahme an Kursen (in der Akademie jedenfalls) immer freiwillig gewesen. Auch Starzyński schwenkte sogleich auf die neue Linie ein. Er fragte treulich, was die vergangenen fünf Jahre an Nutzen gebracht hätten. Auf die Detailarbeit bezogen: nicht viel; man fürchtete sich, es kam zum 'Pseudomarxismus'. Die idealistische Seite der Kunst wurde nun noch deutlicher hervorgehoben: Die grosse Kunst sei immer vor allem Sache des Genies und der Ideen gewesen. 1960 musste Starzyński wegen zu gewagter Äusserungen zur modernen Kunst von seinem Posten als Direktor des Instituts für einige Jahre zurücktreten - und ging gleich für ein Jahr nach Paris. Im Jahre 1966 tat er seine widersprüchlichen Grundanschauungen auf folgende Weise kund: 'als Vertreter der historisch-soziologischen Methode habe ich ein volles idealistisches Bewusstsein der apriori festgelegten ... Formen'.[90] In den oft ausgedehnten Theorie-Diskussionen der polnischen Kunsthistoriker spielte der Marxismus eine sehr geringe Rolle.

Eins allerdings billigte man nach 1955 der kommunistischen Hoch-Zeit zu: die Schaffung von Stellen für die pure Wissenschaft[91] und die reichliche Finanzierung der Publikationen. Polens Kunstgeschichte trat nun in eine Phase ein, die heute noch andauert, auch 1980/82 und 1989/90 brachten keine wesentlichen Einschnitte - in den letzten Jahren allerdings wurden die Mittel für alle Wissenschaften in Polen stark gekürzt, auch das Instytut Sztuki baute Personal ab und vermietete einen Teil seines Palastes an eine westliche Elektrofirma.[92] Aber die stille Arbeit an den nach dem Krieg beschlossenen Projekten wurde kaum unterbrochen. Gegen solche 'rein wissenschaftlichen' nationalen Sammelwerke konnte die Partei nichts einwenden; es gab Bürokratisierung, aber kein politisches Diktat. Noch in den letzten Jahren wurde zuweilen die alte Formel wiederholt: Zuerst die Dokumentation, die Synthesen werden 'in der Zukunft' folgen.[93] All das bedeutet fernerhin: keine Popularisierung und eine Absage auch an das Starzyński'sche Konzept der vereinten wissenschaftlichen Forschung zur Kunstgeschichte und zur Kunst der eigenen Zeit. Es bedeutet multidisziplinäre, aber kaum interdisziplinäre Arbeit. Was die Volkskunst betrifft, so beschränken sich die Kunsthistoriker auf wenige besonders künstlerische Elemente; 'Kultura Materialna' wird in einem anderen Institut bearbeitet.

Es wurde andererseits aber auch immer wieder betont, dass neben der neuen Art der 'warsztat' die Forschung im wesentlichen von Einzelnen vorangetrieben wird. In der Tat, in Menge und Vielfalt lässt sich die 'private' polnische Kunstgeschichte mit der der grössten europäischen Länder vergleichen. Es ist hierin auch wohl ein Grund zu sehen, warum bisher nur wenige der offiziellen Sammelwerke vollendet wurden. Man muss allerdings daran erinnern, dass auch viele lang-anstehende deutsche und britische Grossprojekte noch lange nicht fertig sind. - Schliesslich orientieren sich die polnischen Kunsthistoriker schon seit den sechziger Jahren mehr als alle anderen östlichen Kollegen am Westen, privatim oder auch über Institutionen. Besonders in den siebziger Jahren bemühten sich Białostocki und andere um eine verstärkte internationale Orientierung. In den späten siebziger Jahren kam es sogar in den Kreisen der Posener Kunsthistoriker zu einer kurzen Auseinandersetzung mit der neuen westdeutschen Linken.[94]

'National', 'Populär', Probleme der Wertung

Im Jahre 1966 äusserten eine Anzahl von eingeladenen Kollegen aus Westeuropa kurz ihre allgemeinen Eindrücke zur polnischen Kunst: 'ausufernde Breite, Lyrismus und Expressivität verbunden mit einer Abneigung gegen Ordnung und Disziplin'.[95] Ein solcher Ansatz schien jedoch damals bereits antiquiert. Viele polnische und auch die gelegentlichen britischen[96] Untersuchungen zur polnischen Kunst benutzten nun andere Methoden, um kunsthistorisch-nationalhistorischen Problemen beizukommen. Der Stil der Gnesener Domtüren (S.22), zum Beispiel, ist maasländisch, der Ort ihrer Ausführung lässt sich nicht mit Sicherheit bestimmen, wir wissen aber gut Bescheid über den Auftraggeber, den Erzbischof von Gnesen, sowie über das politische Programm des Bildinhalts, der Hl. Adalbert unter den Pruzzen.[97] Der vordem so generell benutzte Begriff polnisch wird nun durch die Analyse von eher konkreten historischen Situationen ersetzt. Es kommt zu einer neuen Interdisziplinarität mit den Sozialwissenschaften, die den älteren sozialistischen Kunst-Idealismus Starzyńskis weit hinter sich lässt. Die kunstgeopraphische Fragestellung wird wieder vereinfacht in das Komplementärpaar gesamteuropäisch-regional.

Es bedeutet dies vielleicht das Ende des Problems, der Frage, die hinter allem bisher Erörterten stand: Ein Werk, eine Form der bildenden Kunst oder ein Bauwerk 'bedeutet', steht als Zeichen, als Symbol, für ein bestimmtes Land oder eine Nation. Den Politikern sind solche Zeichen willkommen, zumal wenn es um den Erwerb oder die Erorberung benachbarter Gebiete geht - oder auch nach einem Verlust; immer breitere Kreise der öffentlichen Meinung wissen die Symbole zu schätzen. Die kunsthistorische Wissenschaft beeilte sich, die Erklärungen zu liefern. Anfänglich war das Repertoire 'nationaler' Formen auf weniges begrenzt, etwa die Darstellung einer Schlacht, eines Kostüms oder eines Wappens. Nachweise konnten meist nur durch schriftliche Dokumente erbracht werden. Das 19. Jahrhundert identifizierte einzelne Dekorationsweisen als 'Nationalstile'. Die Kunstgeschichte entwickelte dann aber Methoden, die es erlaubten, jegliche Form der Vergangenheit als 'national' zu identifizieren. Jeder Kirchturm, jede alte Kleinstadt konnte nun auch ohne dokumentarische Hilfe, nur über eine weitgehend abstrakte Beschreibung eines Stils, einer 'Form' und der Einordnung in eine kunstgeographische Charaktersystematik als 'polnisch' oder 'deutsch' bezeichnet werden. Schon 1900 hiess es zu den Schriften von Łuszczkiewicz: 'Aus den architektonischen Linien las er Motive der polnischen Kunst heraus.'[98] Die Methoden der Kunstgeographie wurden zuweilen in induktiv und deduktiv unterteilt. Erstere kann es aber, streng genommen, kaum geben: bei alten Werken stossen wir fast nie auf positive Aussagen der Künstler oder Auftraggeber, dass diese oder jene Form etwas spezifisch Nationales darstellen soll. So wurde denn auch gelegentlich behauptet, dass 'Raumstile' stets auf unbewussten Formkonzeptionen beruhen. Man kann natürlich einfach Objekte sammeln und regional ordnen, wie es Archäologen und Volkskundler tun, aber die 'hohe Kunst' war von vornherein zu stark international orientiert. Trotz aller Anstrengungen der Forscher, die 'Form' mit dem 'Ausdruck' zu verschweissen, sind wir heute skeptischer denn jemals zuvor. Heute erscheint die 'nationale Form' als das, was eine spätere Betrachtung in die alte Kunst hineinprojiziert, allein die Auswechselbarkeit der Adjektive scheint dies zu beweisen. Drastischer ausgedrückt: Der polnische oder deutsche 'Charakter' eines alten Werkes sind Erfindungen unserer Zeit.

Ist es also verständlich, wenn der Internationale Berliner Kunsthistorikerkongress von 1992 befand: Nationale Kunst ist eine Fiktion? Vielleicht liegt aber das Hauptproblem gar nicht bei der nationalen Frage selbst, sondern in dem hier so oft angeschnittenen Problem der 'Popularisierung'. War die unzulässige Popularisierung nicht die Ursache für die Abwege der Kunstgeschichte im Nazismus? In Polen findet man explicite nationale Charakterisierungen nur noch gelegentlich in populären Werken, etwa in einem Kinderlexikon von 1978: 'Bei uns gab es Entwürfe von Ausländern... Unsere Architektur hat ihren eigenen Charakter und ihre Schönheit...'.[99] Es scheint, dass der Gegensatz zwischen 'wissenschaftlich' und 'populär' im wesentlichen institutionell und politisch bedingt ist. Vielleicht lässt sich all dies auf ein noch grundlegenderes Problem zurückführen, das der Wertung? Es wird ja nicht nur beschrieben oder charakterisiert, sondern es werden auch absolute Werturteile abgegeben. Sollten wir uns nicht wenigstens in der wissenschaftlichen Kunstgeschichte aller Arten von Werturteilen enthalten? Aber auch hier gibt es keine strenge, absolute Alternative: wertend/wertfrei. Kunstgeschichte bedeutet vor allem auch eine Geschichte der Wertungen der Kunst. Seit Herder gibt es die Auseinandersetzung mit der absoluten Autorität des alten klassischen Wertsystems. Alle Lobpreisungen und Identifizierungen einer spezifisch deutschen oder der polnischen Kunst seit dem 19. Jahrhundert kann man zunächst als Teil der Versuche ansehen, jene Autorität zu entthronen. Seit Herder und Riegl haben alle Wertungen, auch wenn sie sich noch so individualisierend und sogar nationalistisch geben, eine Berechtigung - es sei denn, sie führen zur Zerstörung von Kunstwerken. Es ist zu beachten, dass die eben erwähnte 'strukturelle' Betrachtungsweise international / regional auch die Rückkehr der hierarchischen Kunstbewertung bedeuten kann, zumal was die Zeit der klassischen Kunst anlangt: Polnische Barockkirchen sind 'nur' provinzielle Versionen der römischen Kirchen. Aber dabei bleibt immer noch die Frage, was genau 'provinziell' bedeutet. Und es kommt immer noch darauf an, wer die Frage stellt, ein lokal orientierter oder ein internationaler Kunsthistoriker.

Zum Schluss stellen wir noch einmal fest: Es gibt die gemeinsamen europäischen Stile und Werte; es gibt die Vielzahl der regionalen und lokalen Ausprägungen; die Frage der 'Provinzionalität' und schliesslich das Postulat des 'Nationalen'. Die Schwierigkeit ist dann am Ende wohl die: Können wir wirklich genaue Grenzen ziehen zwischen diesen Bereichen und den verwandten Problemen, zwischen Wissenschaft und Popularisierung, zwischen Objektivität, d.h. rationaler Nachprüfbarkeit und emotionalen Aussprüchen und Ansprüchen, zwischen wertfreier und wertender Beschreibung und schliesslich zwischen national, nationalistisch und chauvinistisch? Was die polnische Kunst und Kunstgeschichtsschreibung und die deutsch-polnischen Auseinandersetzungen betrifft, so ist zu schliessen: Man kann und man soll diese Bereiche nicht trennen. In jenem Komplex von Bekenntnissen und Geschehnissen war alles zu eng miteinander verknüpft.

ANMERKUNGEN (Abkürzungsverzeichnis S.2)

1) A.Bochnak, *Zarys Dziejów Polskiej Historii Sztuki* (Polska Akademia Umiejętności, später PAN, *Historia Nauki Polskiej,* XXII), K. 1948; S.Morawski, 'Historia Sztuki', 699-711; 'Estetyka', 680-698, in (Hg.) B.Suchodolski, *Historia Nauki Polskiej,* III 1795-1862, Wr. 1977; J.Białostocki, 'Historia Sztuki', 674-702 in: *Historia Nauki Polskiej,* op. cit., IV (3) 1862-1914, Wr. 1987; MoS; W.Dalbor, *Ocena Dorobku Historii Architektury Polskiej* (*Studia i Materiały do...Architektury..,* I, PAN), W. 1956; A.Abramowicz, *Historia Polskiej Archeologii XIX i XX Wiek,* W.-Łódź 1991; A.Walicki, *Philosophy and Romantic Nationalism...Poland,* Oxford 1982. - 2) *O Sztuce u Dawnych czyli Winkelman Polski,* W. (Reprint W.-K. 1992; J.J.Winckelmann, *Geschichte der Kunst des Altertums,* Dresden 1764). - 3) M.Walicki, *Sprawa Inwentaryzacji Zabytków w dobie Królestwa Polskiego,* W. 1931; A.Ryszkiewicz, Introd. to *Słownik Artystów Polskich,* I, *A-C,* Wr. 1971. - 4) J.Purchla, *Matecznik Polski,...czynniki rozwoju Krakowa...,* K. 1992 (*Krakau unter österreichischer Herrschaft,* Wien 1993). - 5) *Sprawozdania Komisyi... Historyi Sztuki...* (Akademii Umiejętności w Krakowie); (Hg.) L.Kalinowski, *Stulecie Katedry Historii Sztuki Uniwersytetu Jagiellońskiego 1882-1982* (Uniw. Jagiell., *Prace z Historii Sztuki,* No. 19) W.-K. 1990; A.Małkiewicz, 'Historia Sztuki w Polsce a "Wiedeńska Szkoła..."\,', *RHS* XVI 1966 331-6. - 6) H.Dilly, *Kunstgeschichte als Institution...Geschichte einer Disziplin,* Frankfurt 1979. - 7) 'Sulejów...', *Sprawozdania,* op. cit., I 1879 12-13. - 8) W.Łuszczkiewicz, 'Wąchock...', *Sprawodzania* V 1896 49-51, 70-71; M.Sokołowski, 'Dwa Gotycyzmy...', *Sprawodzania* VIII 1907 35-38. - 9) E.g. M.Sokołowski, 'Malerei und Plastik in Galizien' in: *Die österreichische Monarchie in Wort und Bild,* Wien 1898 720-771.

10) E.g. B. W.Łuszczkiewicz, in *MoS* 261; Bochnak, op. cit. 63; W.Dalbor, op. cit. 6, 29, 41; M.Wierzbicka, *Dawne Syntezy Dziejów Polski,* Wr. 1974. - 11) M.Drozd-Piasecka & W. Paprocka, *W kręgu...sztuki ludowej,* W. 1985; Cf. S.Muthesius, *Das englische Vorbild... deutsche... Reformbewegungen...im späteren 19. Jh.,* München 1974; B.Deneke, *Europäische Volkskunst,* Berlin 1980 (*Propyläen Kunstgeschichte*). - 12) 'Styl Zakopiański', in: *Sztuka i krytyka u nas...* (1891; in *Pisma Zebrane,* K. 1973 723); 'Styl Zakopiański' (1904, in *Pisma Tatrzańskie,* I, K. 1963 271 ff.). - 13) S.Szyller, *Czy mamy Polską architekturę?* W. 1916 190, 1, 199. - 14) *Wiązania Polskie,* Lwów 1916 5515) *Zwięzła Historja Sztuki,* K. 1914 9; *Styl Nadwiślański,* K. 1910. - 16) Styl, op. cit. 6, 63. - 17) M.Sokołowski, 'Ruiny na Ostrowie...', in *Pamiętnik Akademii Umiejętności,* K. 1876 III 117-277. - 18) T.Szydłowski, *Pomniki architektury...piastowskiej* 1928 173; MoS 316. - 19) M.Treter, *Polnische Kunst,* Kat. Preussische Akademie der Künste, Berlin 1935.

20) Lorentz, Bibl. 7; M.Krzemińska, *Muzeum Sztuki w Kulturze Polskiej,* W. 1987. - 21) SHS, *Sztuka Lat 30,* Bibl. 2. - 22) S.J Gąsiorowski u.a., *Historja Sztuki,* Lwów 1934. - 23) 'Kronika Krajowa', *BHS(K)* 1946 3/4 246; cf. B.Sucholdolski, *Dusza Niemiecka w świetle filozofii* (Instytut Zachodni Poznań) 1945; A.S. Labuda, '\,"eine ... Kolonialkunst"; zum kunsthistorischen Diskurs über Ostmitteleuropa', *Zeitschrift für Kunstgeschichte* 1993 1 1-17. - 24). A.Essenwein, *Die mittelalterlichen Kunstdenkmale... Krakau,* Graz 1869. - 25) J.Kohte, *...Kunstdenkmäler der Provinz Posen,* I, Berlin 1898. - 26) C.Gurlitt, Bibl. 18; P.Juckoff-Skopau, *Architektonischer Atlas von Polen...Kongress-Polen* (Deut. Generalgouvernement Warschau, Landeskundliche Kommission) Berlin 1921. - 27) G.Brandes, *Polen,* München 1898; B.Zuckerkandl, *Polens Malkunst,* Wien 1915; B.Zuckerkandl, '...polnische Kunst', *Kunst für Alle,* XVIII 12, March 15 1903 275-90; Alfred Kuhn, *Die polnische Kunst 1800 bis zur Gegenwart,* Berlin 1930, 2. Aufl. 1937; 'Special Polish Issue', *The Studio,* CXXIX, Jan. 1945; I.Piotrowska, *The Art of Poland,* New York 1947. - 28) MoS 274. - 29) (Hg.) R.Kahsnitz, *Veit Stoß, ... Symposium, Germanisches National Museum Nürnberg,* München 1985; P.Skubiszewski, *Veit Stoß und Polen,* Nürnberg, 1983; idem, W.Stwosz, W. 1985; M.Stuhr, *Der Krakauer Marienaltar,* Leipzig 1992; T.Szydłowski, *Wit Stwosz w świetle naukowych i pseudo-naukowych badań,* 1913. M.Lossnitzer, *Veit Stoß...,* Leipzig 1912. -

30) B.Daun, *Veit Stoß...in Deutschland, Polen und Ungarn,* Leipzig 1903 1. - 31) Lossnitzer, op. cit. 1. - 32) Szydłowski op. cit. 101; L.Stasiak, *O Narodowości Wita Stwosza,* K. 1910; J.Sas Zubrzycki, *Arcydzieła...Wita Stwosza,* Lwów 1924. - 33) H.Belting, *Die Deutschen und ihre Kunst,* München 1992; M.Podro, *The Critical Historians of Art,* New Haven 1982; M.Bushart, *Geist der Gotik und expressionistische Kunst,* München 1990; M.Halbertsma, *W.Pinder und die deutsche Kunstgeschichte,* Worms 1992; W.Worringer, *Formprobleme der Gotik,* München 1912 5,11. - 34) W.von Grolmann, 'Veit Stoß', *Monatshefte für Kunstwissenschaft* XI 1918 297-309, XII 1919 14-24; W.Pinder, zitiert in K.Dinklage & T.Müller, 'Veit Stoß...', *Münchner Jahrbuch f. Bildende Kunst* N.F. X 1933 1/2 9. - 35) Halbertsma op. cit.; Skubiszewski, Bibl. 16; P.Pieper, *Kunstgeographie,* Berlin 1936; (Hg.) F.Bolck, F.Möbius, H.Sciurie, *Regionale, Nationale und Internationale Kunstprozesse,* Jena 1983; L.O.Larsson, 'Nationalstil...in der Kunstgeschichte der 20iger und 30iger Jahre.', in: (Hg.) L.Dittmann, *Kategorien...der deutschen Kunstgeschichte* 1900-1930, Stuttgart 1985 169-184; E.Mâle, '...deutsche Kunst', *Monatshefte für Kunstwissenschaft* IX 1916 11 387-403 etc. - 36) T.Müller, 'Neue polnische Forschungen zu Veit Stoß', in *Mitteilungen Deutsche Akademie* (*Deutsche Kultur im Leben der Völker...,* hg. Akademie zur Erforschung und Pflege des Deutschtums, München) XII 1937 3 371-377. - 37) H.Jantzen, 'Deutsche Kunstwissenschaft 1933-1942' *Forschungen und Fortschritte* XVIII 35/6, 10/20 1942 341-348. - 38) O.Schürer, 'Von deutscher Ostkunst...', *Mitteilungen* (op. cit. Anm. 36) 17 1942 1 47. - 39) (Hg.) Reichsminister für Wissenschaft.., *Deutsche Wissenschaft, Arbeit und Aufgabe...dem Führer...,* Leipzig 1939 13.

40) H.Dilly, *Deutsche Kunsthistoriker 1933-1945,* München 1988 43. - 41) R.Martel, *Deutschlands blutende Grenzen,* Oldenburg 1930 5; K.O.Rabl, '...deutsch-mitteleuropäischer Grossraum', in *Jahrbuch Institut für deutsche Ostarbeit* K. 1941 58; M.Friedberg, *Kultura Polska a Niemiecka...,* Poznań 1946; idem, *Polnische und deutsche Kultur,* J.G.Herder Institut, Marburg a.d.L. (*Übersetzung* Nr. 39 /1, 1962); (Hg.) E.J.Krasuski, *Polnisch-Deutsche Beziehungen in der Historiographie,* Poznań 1975; N.Davies, *God's Playground. A History of Poland* 2 Vols., Oxford 1981; E.Kobylińska & oth., *Deutsche und Polen, 100 Schlüsselbegriffe,* München 1992; W.Oberkrome, *"Volksgeschichte", ...völkische Ideologisierung in der Geschichtswissenschaft,* Göttingen 1993; siehe Labuda, Anm. 23. - 42) C. Steinbrecht, *...Marienburg,* 14. Aufl. Berlin 1917. - 43) Lossnitzer op. cit., 166. - 44) Zitiert in (Hg.) K.Pagel, *Deutsche Heimat im Osten,* Berlin 1951 73. - 45) Vorwort zu G.Barthel, *Ausstrahlungen...V.Stoß im Osten,* München 1944 7; 'Nationale Stile...', *Deutsche Vierteljahresschrift Literaturwissenschaften und Geistesgeschichte* XVI 1938 61, 62. - 46) D.Frey, 'Kunstdenkmäler im besetzten Polen', *Deutsche Kunst und Denkmalpflege* 1939/40 98-103. - 47) '...Studienfahrt Polen', *Jomsburg* II 1938/9 445-446; D.Frey, 'Studienreise...', *Ostdeutsche Monatshefte* 19 1938/9 2 113-4; idem, 'Kunstforschung im Osten', *Ostdeutsche Monatshefte* 1938 324-330; W.Boeck-Berlin, 'Denkmalpflege in... polnischen Städten' *Jomsburg* I 1937-8 352-359. - 48) G.Grundmann, 'Denkmalpflege Polen', *Deutsche Kunst und Denkmalpflege* 1935 101-104. - 49) E.Behrens, 'Spätgotische Malerei Polen', *Mitteilungen.* (op. cit. Anm. 36) 15 1940 2 268-273. -

50) M.Walicki & J.Starzyński, *Dzieje Sztuki Polskiej,* W. 1936 11. - 51) M.Gębarowicz, *Stosunki artystyczne Śląska...,* Katowice 1935. - 52) P.Francastel, *L'Histoire de l'art instrument de la propagande Germanique,* Paris 1945; vgl. K.Piwocki, 'Pierre Francastela L'Histoire...', *BHS(K)* 10 1948 68-84, auch in K.Piwocki, *Sztuka żywa...,* Wr. 1976. - 53) M.Walicki, 'Nowe Wydawnictwa z Historji Sztuki Średniowiecznej...', *BHS(K)* IV 1936 3 213; T.Dobrowolski, *Sztuka Województwa Śląskiego, L'art en Silésie polonaise,* Katowice 1933. - 54) 'Kunstforschung Osten', *Mitteilungen* (op. cit. Anm. 36) 13 1938 2 361-7 (Zitat S. 363); vgl. D. Frey, 'Schlesisch-Polnische Beziehungen in der Kunstgeschichte', *Deutsche Monatshefte in Polen* 2 (12) 1935 4 123-6. - 55) H.Weidhaas, 'Romanische Baukunst...piastischen Ländern', *Deutsche Monatshefte in Polen* 5 (15) 1938 2/3 136-152. - 56) (Hg.) B.Spiru, *September 1939,* Berlin 1959; H.Brenner, *Kunstpolitik Nationalsozialismus,* Reinbek 1963; J.Pruszyński, op.cit. Anm. 77, 108-124. - 57) S.Lorentz, 'Das Doppelgesicht des Dr. D. Frey', in: *Informationsbulletin der Zachodnia Agencja Prasowa,* 8 1960 6-10; vgl. Anm. 83; I.Schulze, *Der Missbrauch der Kunstgeschichte durch die imperialistische deutsche Ostpolitik,* Leipzig 1970. - 58) A. Szyszko-Bohusz, 'Kraków w latach 1939-1945', *Rocznik Krakowski* XXXI 1949-57 157. - 59) *Jahrbuch Institut für deutsche Ostarbeit,* K. 1941, 32-3.

60) D.Frey, *Krakau,* Berlin 1941; idem., 'Kunstgeschichte', pp. LIV-LXIV in K.Baedecker, *Das Generalgouvernement,* Leipzig 1943; H.Kurtz, *Krakau,* Bayreuth 1944. - 61) G.Grundmann, *Deutsche Kunst im befreiten Schlesien,* 2. Aufl. Breslau 1944 108, zitiert in Schulze, op. cit. 28. - 62) D.Frey, 'Kunst Krakau, Karpathenland', in *Deutsche Forschungen im Osten, Mitteilungen Institut Deut. Ostarbeit* II 1942 5 172-176; *Sprawozdania,* op. cit. Anm. 5, VII 1906, 216, 220. - 63) *Jahrbuch Institut Deut. Ostarbeit* 1941; G.Barthel, *...Veit Stoß im Osten,* München 1944 10-11, 50. - 64) S. Anm. 34. - 65) T.Szydłowski, *Retable Notre Dame Cracovie,* Intr. P. Francastel (*Publications de l'Institut Français de Varsovie,* III, Paris 1935.) - 66) A. Bochnak, *Wit Stwosz w Polsce,* W. 1950 18-19. - 67) 'Stoß in Krakau... Rede...', *Generalgouvernement* I 1941 Juni 21-23. - 68) E.Behrens, 'Ausstellung V. Stoß....', *Deutsche Forschungen im Osten, Mitteilungen Institut deut. Ostarbeit* I 1941 3 12-14; A.Grabowski, *Dawne zabytki miasta Krakowa,* 1850 156, zitiert in G.Sappok, 'Veit Stoß-Legenden' *Jomsburg* 2 1938-9 364. - 69) Hg. E.Lemberg & F.Edding, *Die Vertriebenen in Westdeutschland...,* Vol. III, Kiel 1959 327. -

70) *ZfO* 1 1952 16; E.Behrens, 'Forschung Kunstgeschichte Ost-Mitteleuropa' *ZfO* 2 1953 4 596-611. - 71) S. Schulze, Anm. 57. - 72) Anm. 51; D.Frey, 'Schlesiens künstlerisches Antlitz', *Die Hohe Strasse* I 1938 12ff.; T.Dobrowolski, *Sztuka na Śląsku,* Katowice, 1948 ('Uwagi Ogólne', *Wissenschaftl. Übersetzungen,* J.G.Herder Institut, Marburg, No. 25, 1954); G.Grundmann, Review of T.Dobrowolski, in *ZfO* 1 1952 297; H.Tintelnot, 'Kunstforschung in Breslau', *ZfO* 2 1953 491-505; (Hg.) H.Tintelnot, *Kunstgeschichtliche Studien (Festschrift D.Frey),* Breslau 1944 248.; E.Behrens, '...Beziehungen Krakaus zu Breslau...', *Die Burg* 5 1944 2 68-74. - 73) Siehe Anm. 20; W.Tatarkiewicz, *Etyczne postawy rewindyakcji i odszkodowań,* W. 1945. - 74) (Hg.) K.Sosnowski, M.Suchocki, *Dolny Śląsk,* (*Ziemie Staropolski,* (Hg.) Z.Wojciechowski I (2)), Wr.-Poznań 1948 45-48, 79. - 75) H.Tintelnot, *Mittelalterliche Baukunst in Schlesien,* Kitzingen 1951 218; E.Behrens, 'Probleme...ostsprachiger Forschung zur Kunstgeschichte Ostmitteleuropas...', *ZfO* 2 1953 596-611; vgl. *Roczniki Sztuki Śląskiej* I 1959; M. Zlat, 'Schlesische Kunst...polnische Forschungen', in *Kunst des Mittelalters in Sachsen / Festschrift W.Schubert,* Weimar 1968. - 76) *Gazeta Wyborcza* 5-III-1992 12-13. - 77) J.Zachwatowicz, *Protection of historical Monuments in People's Poland,* W. 1956; idem, *Denkmalschutz in Volkspolen,* W. 1956; *Warschau seit Canaletto... Wiederaufbau,* Kat. Kiel, 1973, Hamburg Kunsthalle 1973; W.Kohte, 'Kunstgeschichtliche Grundlagenforschung... Polen', *ZfO* 22 1973 497-514; J.Frycz, *Restauracja i konserwacja zabytków architektury w Polsce w latach 1795-1918,* W. 1975; K.Kalinowski, 'Conservation...Poland', in *Polish Western Affairs* 1 1975 46-62; idem, 'Wiederaufbau Altstädte Polen 1945-60', *Oesterreichische Zeitschrift Kunst und Denkmalpflege* XXXII 1978 81-93; D.Großmann, 'Denkmalpflege Polnische Wojewodschaften', *Dokumentation Ostmitteleuropa* III (27) Oct. 1977 4/5; (Hg.) J.Rieseberg, *Wiederaufbau ...in Polen,* Berlin 1985; M.Pruszyński, *Ochrona zabytków w Polsce,* W. 1989; B.Rymaszewski, *Klucze Ochrony zabytków w Polsce,* W. 1992; J.Zachwatowicz, P. Biegański, S.Lorentz, *Altstadt und Königsschloß in Warschau,* W. 1988; J.Stankiewicz, *Les Monuments de Gdańsk, histoire, destruction, reconstruction,* Poznan 1961. - 78) J.Zachwatowicz, 'Program...konserwacji zabytków', *BHS(K)* XX 1946 1/2 48-52. - 79) Cf. D.Lowenthal, *The Past is a Foreign Country,* Cambridge 1985; (Hg.) N.Huse, *Denkmalpflege, deutsche Texte...,* München 1984.

80) Zachwatowicz, op. cit.; idem, Ochrona Zabytków w Polsce, W. 1965 44. - 81) Op. cit. 45, 46. - 82) Pruszyński, op. cit. 175-179; D.Großmann, 'Schicksal der Kunstdenkmäler Niederschlesien', in: (Hg.) E.Bahr & K.König, *Niederschlesien unter polnischer Verwaltung,* Frankfurt a. M. 1967. - 83) S.Lorentz, *Walka o Zamek,* W. 1986; R.Jarocki, *Rozmowa z Lorentzem,* W. 1981; M.& A.Szypowscy, *Warszawski Zamek Królewski - Zamek Rzeczpospolitej,* W. 1987. - 84) *Życie... 1945-1960,* Bibl. 21; A.Ryszkiewicz, 'Instytut Sztuki PAN', *RHS* XIII 1981 207-216; 203-207; 'Institut National d'Art en Pologne', *Gazette des Beaux Arts,* Dec. 1957 361-2. - 85) 'J.Starzyński', *RHS* XI 1976 5-8. - 86) J.Starzyński, 'Zadania historyków sztuki...', *BHS(K)* XIV 1951 1 4. - 87) Fakten: J.Starzyński, Einleitung zu Bd. I des *Katalog Zabytków Sztuki w Polsce,* (Hg. J.Szablowski, K. 1953), IX; Werte: J.Starzyński, *Sztuka w świetle historii,* W.1951 160. - 88) T.Szkołut, 'Estetyka marksistowska w Polsce...', *Studia Estetyczne* XIX 1992 181-211. - 89) '40 lat działalności SHS', in *MoS* 317.

90) *Wissenschaftlicher Dienst Ostmitteleuropa* (Marburg a.d.L.) Juni 1955 169-172; Sept. 1956 360-64; März 1957 65-69; J.Starzyński, 'Nowa Metodologia Badań...' *Materiały do Studiów i Dyskusji...,* VI 1955 3/4 (23/24) 15-17; *RHS* VI 1966 293. - 91) *Wiss. Dienst* (Anm. 90) März 1957 65-9. - 92) *Gazeta Wyborcza* 5 März 1992 12-13. - 93) *Życie, 1945 -1960,* Bibl. 21; vgl. *RHS* VIII 1970 327-337ff; PAN, *Studia i Materiały Ankieta Wydziału I, Rozwój Nauk Społecznych i humanistycznych w Polsce do roku 1985,* Część V: *Nauki...o Sztuce,* W. 1967. - 94) (Hg.) J.Białostocki & al. (Poznańskie Towarzystwo Przyjaciół Nauk), *Interpretacja Dzieła Sztuki,* W.-Poznan 1976; Siehe Bibl. 6. - 95) *RHS* VII 1969 387-389. - 96) Crossley, Crowley, Bibl. 16, 19. - 97) Walicki, Skubiszewski, Bibl. 16. - 98) Zitiert in *MoS.* 271. - 99) *Polska... Encyklopedia dla Dzieci* (J.Maciszewski), W. 1978.

Einige Bemerkungen zur Auswahl:

Die Absicht der folgenden Seiten ist eine zweifache. Zum ersten geht es um die Breite der Information, es soll hier handbuchartig die Vielfalt der Beiträge zur europäischen Kunst in Polen angedeutet werden. Zum anderen will das Buch eine Reihe von Bereichen hervorheben, die nach ganz unterschiedlichen Bestimmungen etwas spezifisch polnisches darstellen.

Zunächst gelten eine Reihe von historisch-politischen Kompromissen: Die westlichen und nördlichen Teile Polens wechselten im hohen oder späten Mittelalter über zu Deutschland. Zumindest in Polen ist man heute der Auffassung, dass bis zum Ende des Mittelalters ein lebhafter Austausch zwischen allen Regionen bestand. Daher handelt dieses Buch bis um 1400 von allen Teile Polens gleichermassen, einschliesslich der heutigen Westgebiete. In den späteren Epochen hingegen werden jene Gebiete nur noch gelegentlich gezeigt. Neben den historisch-politischen Gründen entschied dabei auch die Tatsache, dass die dortige Kunst durch deutsche Publikationen hinlänglich bekannt ist. Was die früheren polnischen Ostgebiete betrifft, jene Teile also, die heute zur Ukraine, zu Weissrussland und zu Litauen gehören, so werden auch diese nur gelegentlich gezeigt. Zu den politischen Gründen kommt hierbei auch der Mangel an kunsthistorischer Information. Diese Bemerkungen werden womöglich einige nationale Gefühle verletzen; andererseits gilt - wie schon in der Einleitung angedeutet - , dass in den letzten Jahrzehnten deutsche und auch polnische Publikationen das jeweilige nationale Argument immer weniger betonen.

In einer weiteren, wesentlichen Hinsicht herrscht in diesem Buch eine rigorose Auswahl: Es enthält lediglich Werke der 'Hochkunst', und zwar in der traditionellen Unterteilung Malerei, Skulptur, Dekoration, Architektur, Design. Es handelt fast ausschliesslich von Werken, die für die vornehmsten Auftraggeber geschaffen und von Kritikern und Kunsthistorikern ausgewählt wurden. Die Bibliographie am Ende des Buches gibt Hinweise zu einigen weiteren Gebieten.

DIE FRÜHEN EPOCHEN

"Polen" fing vergleichsweise plötzlich an und man kann den Anfang als einen doppelten bezeichnen: Die Taufe Mieszkos I im Jahre 966 bedeutete sowohl die Fundamentierung eines einheitlichen dynastischen Staates wie auch eine neue Orientierung nach den Ländern des Südens und Westens. Obgleich die ursprüngliche Dynastie der Piasten bis 1370 regierte, gab es in den ersten Jahrhunderten wenig Stabilität; die Grenzen und auch die Zentren des Landes verschoben sich mehrfach. Zunächst bestimmte Wielkopolska, Gross-Polen um Gniezno und Poznań, den Ton, dann aber Małopolska, Klein-Polen um Krakau. Im Nordwesten wechselte Pommern schon vom 13. Jahrhundert an zu Deutschland über; das spätere Zentrum, Masowien, lag noch ausserhalb Polens, und der Norden wie auch Schlesien spielten noch eine untergeordnete Rolle.

Es heisst gewöhnlich, dass es vor 966 keinerlei Steinbau in Polen gab. Ein früher Typ der Steinkirche war die kleine Rundkirche böhmisch-mährischer Art, der auch aus anderen Teilen des Gross-Mährischen Reiches bekannt ist, zu dem das südliche Polen vor der Staatsgründung eine Zeit lang gehörte. Wohlerhalten sind einige spätere Beispiele des Typs, die Schlosskirche St. Nikolaus in Cieszyn aus dem 11. Jahrhundert und ein reicheres Beispiel des späten 12. Jahrhunderts, die St. Prokops Rotunda in Strzelno. Nur wenig ist übriggeblieben von den vier oder fünf frühen Kathedralen, die zum Teil noch im 10. Jahrhundert begonnen wurden; es handelte sich dabei wohl um reduzierte Versionen des ottonisch/salischen (z.B.Poznań), wie auch des lombardischen Typs (Gniezno). Die mächtige Krypta der 'zweiten' Wawel Kathedrale in Krakau von 1100 dient noch heute dem späteren Bau. Die kleine St.Andreaskirche in Krakau aus der gleichen Zeit zeichnet sich durch ein komplexes Westwerk aus. In der grossen Kathedrale von Płock sind heute nur noch Reste des frühen Baues aus dem 12. Jahrhundert erhalten.

Erst um die Mitte des 12. Jahrhunderts begann wieder eine grössere Bautätigkeit, vor allem seitens der Klöster, allen voran der Zisterzienser. Dieser Orden war bekannt für seine Beharrlichkeit und die Art, in der er grosse, solide Gebäude errichtete, die in entlegenen Gebieten den Planschemata der Mutterklöster in Frankreich oder Burgund folgten: kreuzformig und mit 'flachem' Chorabschluss. Auch waren die Kirchen durchgängig steingewölbt. Die wichtigsten Bauten liegen in der Gegend von Sandomierz, nahe der damaligen Ostgrenze Polens, d.h. auch an der Ostgrenze der westlichen Kirche überhaupt: z.B. Wąchock, um 1200, und Sulejów. Die 1226 gegründete Dominikanerkirche (Sw. Jakuba) in Sandomierz hat eine andere Gestalt; nach drastischer Restauration im frühen 20. Jahrhundert zeigt sie völlig glatte Backsteinwände, runde und spitze Bögen und relativ wenig Dekoration, ebenfalls in Backstein ausgeführt (S.7); das Schiff ist nicht gewölbt. Es handelt sich um eine der ersten Übernahmen der italienischen Bettelordensarchitektur im Norden. Ausserhalb Kernpolens wurde bis zum 12. Jahrhundert wohl nur wenig gebaut. Bis in die Zeit nach 1200 kann man kaum von polnischen regionalen Schulen sprechen, und man nimmt an, dass Baumeister und Kunsthandwerker direkt aus westlichen Ländern kamen.

Was romanische Skulptur der Kirchen betrifft, so finden sich die wichtigsten erhaltenen Reste in Schlesien: das Portal des späten 12. Jahrhunderts aus Ołbin/Olbin, jetzt in St. Maria Magdalena in Breslau und die Skulpturen des frühen 13. Jahrhunderts in Trzebnica/Trebnitz. Einzigartig sind die beiden gegenüberstehenden Säulen im Schiff der Trinitäts-Kirche in Strzelno aus dem späten 12. Jahrhundert (nach dem 2. Weltkrieg aufgedeckt) mit ihren Figurenreliefs, die unter anderem die Tugenden und Laster darstellen. Die hervorragendsten Werke der Romanik sind jedoch die polnischen Bronzetore. Die für die Kathedrale in Płock bestimmten Türen wurden 1152-4 in Magdeburg geschaffen, sie fanden aber schon früh ihren Weg in die Sophien-Kathedrale in Nowgorod. Der Ort der Herstellung der Gnesener Domtüren etwa gleichen Datums ist nicht bekannt, aber der Stil gilt als maasländisch. Die Szenen stellen das Leben des Heiligen Adalbert (Wojciech) dar, ehemals Bischof in Prag, den Kaiser Otto III und König Bolesław Chrobry zur Mission der Pruzzen beriefen und der dabei zum Märtyrer wurde. Fast ebenso bedeutend ist der silberne Kelch von Trzemeszno aus dem späten 12. Jahrhundert. Man nimmt hier eine Regensburger Herkunft der Werkstatt an. Ungewöhnlich ist vor allem die Ikonographie, sie kombiniert auf die Eucharistie vorausweisende Szenen aus dem Buch der Könige. Der Kelch gilt als Geschenk der königlichen Familie an das Kloster.

GOTISCHE ARCHITEKTUR

Das späte Mittelalter wird unter dem Stilbegriff Gotik zusammengefasst, der auch eine breite Skala von politischen und sozialen Veränderungen umschliesst. Was die architektonischen Formen betrifft, so tauchen sie zuerst bei den Zisterzienserkirchen kurz nach 1200 auf, etwa die Strebepfeiler und die spitzbogigen Gewölbe in Sulejów. Die Zisterzienserkirchen in Schlesien, Trzebnica/Trebnitz und Henryków/Heinrichau zeigen kurz vor der Mitte des 13. Jahrhunderts bereits fortgeschrittenere gotische Formen, wie Masswerkfenster, die über deutsche Klosterkirchen aus Frankreich übernommen wurden. Dies gab wiederum Anregungen für den neuen Chor des Breslauer Domes. Eine weitere Art des Mäzenatentums finden wir in der Heilig Kreuzkirche in Breslau, die im Jahre 1288 von Henryk IV (Probus), dem ehrgeizigen Fürsten der schlesischen Linie der Piastendynastie gegründet wurde. Der östliche Teil mit den gleichen Polygonabschlüssen für Chor und Querschiff, wie auch die Wahl des Hallentyps für das Schiff ähneln stark der Marburger Elisabethkirche, die Backsteinkonstruktion hingegen kommt eher aus nördlichen Regionen.

Der wichtigste neue Faktor im Lande war jedoch die neue Macht der Städte. Die bisherige Art der Stadt entstand unter dem Schutz einer Burg oder einer Kathedrale; von etwa der Mitte des 13. Jahrhunderts an wurden Städte gegründet - oder 'neu-gegründet' - mithilfe von Ansiedlern aus den westlichen Ländern, die meist von örtlichen Herrschern aus den deutschen Provinzen, aber auch aus den Niederlanden, aus Böhmen, Schottland und von anderswo herbeigeholt wurden. Die Basis für die Gründung war das 'Stadtrecht' (prawo miejskie), meist das 'Magdeburger Recht', welches eine neue Sphäre der relativen Unabhängigkeit von den umgebenden Feudalherren schuf. Die Hauptbeschäftigung der neuen Bürger war Manufaktur und Handel. Der Grundriss der Stadt war nun streng geordnet, mit einem sehr grossen Marktplatz in der Mitte. Dieser wurde bald durch mächtige Rathäuser beherrscht, in Breslau vom späten 13., in Krakau von der Mitte des 14. Jahrhunders an. Auch die Befestigungen der grossen Städte wurden aus Stein und Backstein erbaut (einer der besterhaltenen Bauten ist der Krakauer Barbikan von 1498-9). Bald gaben auch die bedeutendsten Privathäuser der grossen Städte die Holzkonstruktion auf, im allgemeinen herrschte letztere jedoch noch lange vor.

Die Kirche behielt in diesen Gründungen eine starke Stellung, was sich in der raschen Errichtung von grossen Pfarrkirchen manifestierte. Ihre Anlage war einfacher und geräumiger als die der Kathedralen und sie erhielten meist sehr hohe Türme. In Schlesien brachte das 14. Jahrhundert eine erstaunliche Anzahl grosser Kirchen, die nun einer regionalen Schule der Gotik angehörten: etwa die schlanken Basiliken St. Elisabeth in Breslau und die ehemalige Johanniterordenskirche in Strzegom/Striegau, oder auch die Hallenkirchen (Breslau, Augustinerkirche St.Maria 'Na Piasku'/ 'Sandkirche'). Später kam Schlesien unter den Einfluss der Prager Parlerfamilie. Der Markt in Krakau wird beherrscht von der Marienkirche; auch die meisten Bettelorden errichteten grosse Gebäude in der Stadt. Nach der Mitte des 13. Jahrhunderts kam der ganze Norden des Landes unter die Herrschaft des Deutschen bzw. Kreuzritterordens (Zakon Krzyżacy), der von den masowischen Fürsten herbeigerufen worden war zwecks Bekehrung der baltischen Völker. Die enormen Burgen des Ordens, besonders der Hauptsitz, die Marienburg, können sich mit den grössten Bauten ihrer Art in Europa messen, architektonisch wie militärisch. Danzig und Thorn wurden während der meisten Zeit des 14. Jahrhunderts vom Deutschen Orden beherrscht. Auch hier wurde die Hallenkirche zum Haupttyp (Thorn: St. Johannes von 1260 und St. Jakob von 1309 an). Der bedeutendste Bau dieser Art ist die Danziger Marienkirche aus dem 15. Jahrhundert. Die grossen Kirchen in den Städten des Nordens, wie Frombork / Frauenburg oder Orneta/ Wormditt entwickelten äusserst reiche Dekorationen des Aussenbaus mittels Giebeln und Arkaden, und im Innern herrscht das reiche Netzgewölbe. All dies gehört zum norddeutsch-hanseatischen, 'baltischen' Stil der Backsteingotik. Es muss vermerkt werden, dass der Ordensstaat politisch selbständig handelte und mit Polen sich die meiste Zeit bekriegte. Als aber der Orden sein religiöses Ziel verlor und Polen das Land Stück für Stück wiedergewann, bewahrte Polen die Bauten und beliess den Städten eine relative Selbständigkeit der Entwicklung bis ins 17. Jahrhundert.

Während des 13. Jahrhunderts war die dynastische Geschichte Polens besonders komplex und das Land vielfach unterteilt. Erst unter Władysław Łokietek (der 'Ellengrosse') im Jahre 1306 wurden Grosspolen, Kleinpolen und einige angrenzende Gebiete geeinigt. Schlesien wurde dabei draussengelassen, es tendierte nun nach Böhmen und damit zum deutschen Reich. Im geeinten Königtum festigte sich wieder die Stellung der Bischöfe, und dies bedeutet den Neubau von fast allen Kathedralen im Lande. In Breslau führte man den Bau des 13. Jahrhunderts fort; Krakau/ Wawel wurde zur Krönungs- und Begräbniskirche der Könige und dies wurde auch durch den späteren Wechsel der Hauptstadt nach Warschau nicht unterbrochen; ja bis heute dient die erweiterte Krypta der Wawelkathedrale als eine Art polnisches Pantheon. Der Neubau des ältesten polnischen Erzbischofsitzes, Gniezno, begann 1342, Poznań 1346, und die etwas kleinere Kathedrale in Włocławek im Jahre 1329. Sie wurden bis zum Ende des Jahrhunderts vollendet und haben sich mehr oder weniger erhalten. An west-europäischen Masstäben gemessen, handelt es sich um mittelgrosse Bauten. Gniezno ist der einzige, der einen französischen Kathedralgrundriss mit Chorumgang und Kapellen aufweist.(S.15) Die Dome in Breslau und Krakau zeigen ein eigenes Gepräge, etwa den von den Zisterziensern übernommenen geraden Chorabschluss und eine flächige Art der Wandgliederung.

Um 1350 entwickelte sich in Krakau eine Art von Hofschule unter der Regierung von Kasimir dem Grossen (Kazimierz Wielki). Die Stiftungstätigkeit des Königs wurde nun wieder stärker betont. Eine neue Erscheinung ist die kleine Hallenkirche, bestehend aus bloss zwei Schiffen, d.h. in der Mitte befindet sich eine Pfeilerreihe. Neben Wiślica waren auch Niepołomice, um 1350, und Stopnica (1362-1370) königliche Stiftskirchen dieses Bautyps. Es gab auch kleinere Versionen mit nur einem Mittelpfeiler, wie die Schlosskapelle in Lublin (S.32). Die Art, in der diese Bauten, teilweise in Anlehnung an die Kathedralen in Breslau und Krakau, im Aufbau die Basen und Kapitelle wegliessen, führte zu einem neuen 'weichen' Stil. Die komplexen Gewölbe orienterten sich an den neuesten Formen der Parlerschule. Diese polnischen Bauten müssen somit zu den Wegbereitern der europäischen Spätgotik gerechnet werden.

Die konsolidierten polnischen Lande wurden bald gewaltig erweitert, als man sich 1385/7 mit dem erst damals christianisierten Litauen verband, unter einer neuen Dynastie, den Jagiellonen. Von Kasimir dem Grossen, dem letzten Piastenkönig, hiess es: 'er fand vor ein Polen aus Holz und hinterliess ein Polen in Stein'. Im folgenden Jahrhundert verbreitete sich der gotische Steinbau in alle Provinzen, auch nach Norden und Osten, nach Lwów und nach Wilno; in letzterer Stadt wurde noch nach der Mitte des 16. Jahrhunderts in diesem Stil gebaut.

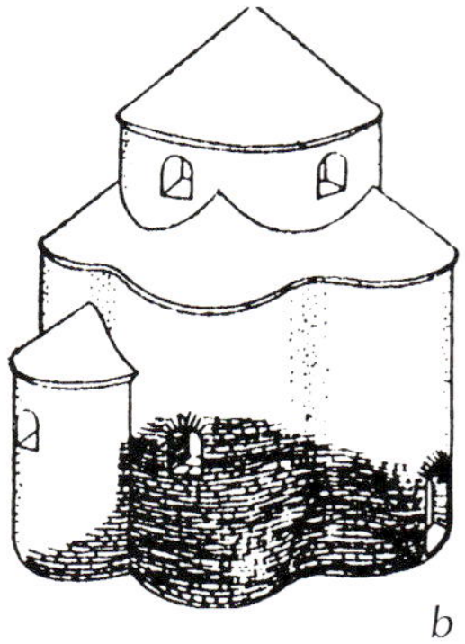

b

c

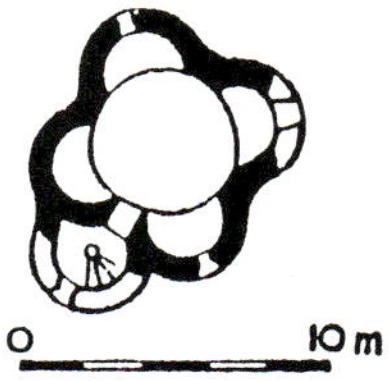

(a) Tum pod Łęczycą, Stiftskirche, Mitte 12. Jh. (Romanisierung nach 1945 durch J. Koszczyc-Witkiewicz). - (b, c) Krakau, Wawel-Schloss, St. Maria & St. Felix / St. Adauctus, 10. Jh. (Rekonstruktion: A. Szyszko-Bohusz). - (d) Trzemeszno, Kelch (Nr. II), um 1160-1200 (Gniezno, Kathedrale, Schatzkammer). - (e) Strzelno, Prämonstratenser-Kirche, spätes 11. Jh. - (f) Gniezno/ Gnesen, Kathedrale, Bronzetüren, um 1180.

(a) Sulejów, Zisterzienser-Kirche, um 1220-30. - (b) Pelplin, Kathedrale (ehem. Zisterzienser-Kirche) 1380-1472. - (c) Krakau, St. Marien um 1300. - (d) Toruń/Thorn, Rathaus, 1391-99. - (e) Malbork/Marienburg, Deutsch-Ordensburg, Hochmeisterpalast, 14. Jh. - (f) Wilno/Vilnius, St. Anna, 16. Jh. (vor Restauration 1902).

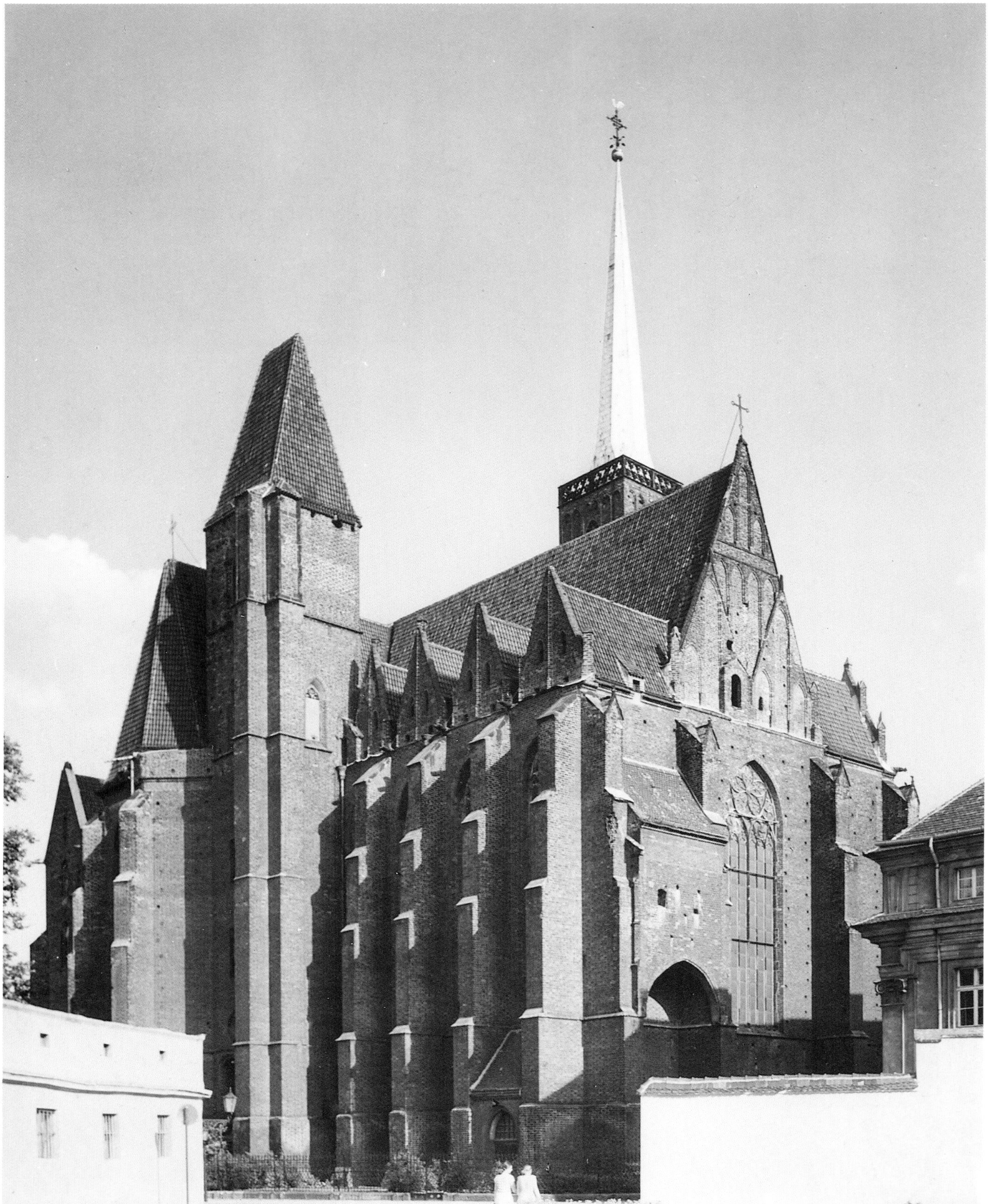

Wrocław/Breslau, Heilig Kreuz-Kirche, um 1288-1350.

Toruń /Thorn, Marienkirche, 14. Jh.

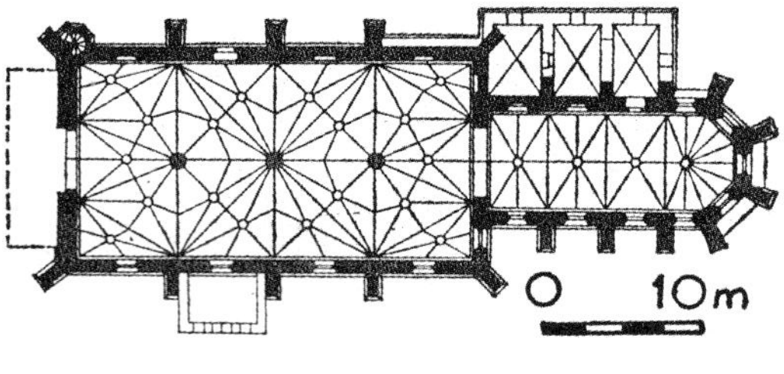

Wiślica, Stiftskirche, um 1350.

KIRCHEN-AUSSTATTUNG IM SPÄTEN MITTELALTER

Der bereits erwähnte mächtige Fürst Heinrich IV (Probus) aus der schlesischen Linie der Piasten erhielt das Angebot des polnischen Thrones im Jahre 1288, aber er starb bereits 1290. Wie die Kirche, die er stiftete, Heilig Kreuz in Breslau, ist sein Grab dort von etwa 1300-1320 ein Hauptwerk der Skulptur und dem Stil nach ebenfalls nach Hessen und Westfalen hin orientiert. Die zahlreichen Trauernden repräsentieren die Familie sowie einen Bischof mit fünf Kanonikern. In der Nachfolge diese Grabes findet sich eine lange Reihe von Bischofs-und Fürstengräbern in schlesischen Kirchen. Von der Mitte des 14. Jahrhunderts an kamen Schlesien und, in geringerem Masse, Kleinpolen in den Umkreis der Prager, und später der Wiener Parlerschule, etwa mit dem komplexen Westportal der Kirche in Strzegom/Striegau. Die Konsolidierung des dynastischen Mäzenatentums in Krakau führte nun zu einer Serie von Königsgräbern, beginnend mit dem Monument Władysław Łokieteks (gestorben 1333). Bei den Trauernden des ersten grossen Grabes, Kazimierz Wielki (gestorben 1370), handelte es sich wohl um Berater des Königs, die in eifriger Diskussion begriffen sind.

Weitere Abkömmlinge der Parlerschule sind die 'Schönen Madonnen'. Von den 1920iger Jahren an haben deutsche Kunsthistoriker vielfach über diese Skulpturen geschrieben und nach der Identität des Künstlers gesucht; bisher hat man seinen Namen nicht gefunden. Der Typ geht letztlich auf die Trumeau-Madonna der französischen Kathedralen zurück. Der Stil jener Zeit wird unterschiedlich bezeichnet als 'Höfischer Stil' - in seiner Eleganz und Intimität, als 'weicher Stil', als 'schöner Stil', wie auch als 'Internationale Gotik um 1400'. In der Tat wurden Stil-Elemente der Madonna (und vor allem auch des Moseskopfs an der Konsole in Thorn) bis nach Burgund zurückverfolgt, wie auch an den Niederrhein, die Niederlande und schliesslich nach Österreich. In ihrer Ikonographie gehören die meisten Statuen zu jenem Typ, bei dem zwischen Mutter und Kind ein lebendiger Kontakt herrscht - im Gegensatz zu den früheren steifen Formen - vor allem durch die Darreichung des Apfels: Maria als neue Eva. Die grösste Zahl ähnlicher Figuren findet sich in Böhmen, was mit dem wachsenden Marienkult in dieser Region zusammenhängt. Einige polnische Kunsthistoriker haben behutsam vermerkt, dass die breiten Gesichtszüge der Breslauer Madonna etwas Slawisches darstellen könnten. Nur ein weiteres Werk, die Krumauer Madonna (Český Krumlov) im Wiener Museum gilt in der Qualität den Madonnen in Polen ebenbürtig. Der wichtigste östliche Ableger ist die Madonna von Krużlowa, die einer kleinpolnischen Werkstatt zugeschrieben wird.

Erst um die Mitte des 15. Jahrhunderts konsolidierten sich regionale Schulen der polnischen Tafelmalerei. Als die erste solche Gruppe gilt die Krakowska oder Małopolska Szkoła vor und um 1450, die die weichen Falten der Böhmischen Hof-Schule verhärtet, die Farben abstrahiert - mehr Silber und Gold - und im Ganzen auf einer Haltung der Trauer und Demut beharrt. Ob die Kreuzabnahme aus Chomranice von etwa 1440 aus jener Werkstatt stammt oder immer noch von einem auswärtigen Meister gefertigt wurde, ist nicht entschieden. Natürlich sind alle neuen Trends immer wieder international verzweigt. Ein Schlüsselwerk für Schlesien und Polen war der Altar aus St. Barbara in Breslau (jetzt MNW), der 1447 datiert ist. Es wird angenommen, dass der Meister in Norddeutschland und in den Niederlanden ausgebildet wurde. Weitere Verbindungen bestehen mit Ober-Ungarn (Slowakei), wie auch mit Franken und Österreich. Man hat den neuen Stil als 'bürgerlichen Realismus' bezeichnet und dabei vor allem auf die breitere Darstellung des täglichen Lebens gewiesen, auf Gebäude oder Landschaften, die sogar pflügende Bauern zeigen. Darüber hinaus erscheinen Stifterfiguren, etwa im Altarbild von Drzeckowo, als erkennbare Individuen. Eine Anzahl von Flügelaltären folgte in Krakau, die lebendigen Szenen des Meisters von Chorzów (Triptychon der Hl.Trinität, Wawel Kathedrale) oder der Augustiner Altar des Krakauer Malers Mikołaj Haberschrak. Weitere grössere Schulen fanden sich im Norden, in Danzig (wo auch ein grosser Memling-Altar des Jüngsten Gerichts von 1473 an in der Marienkirche zu sehen ist; man hatte ihn von einem für Florenz bestimmten Schiff gekapert). Der grosse Jerusalemer Altar vom Ende des Jahrhunderts mit seiner Vielzahl von kombinierten Szenen erinnert an Memling und auch an niederdeutsche Altäre, während die etwas frühere Kreuzabnahme aus Thorn (früher MNW), mit ihren grösseren Figuren, der genaueren Kennzeichnung der Gewänder und der dramatischeren Landschaft schon an das frühe 16. Jahrhundert gemahnt.

Allmählich wurden aus den namenlosen wandernden Künstlern bekannte Persönlichkeiten. Wir finden nun Bronzegrabmäler aus der Werkstatt Peter Vischers in Nürnberg; der Dürerschüler Hans Süss von Kulmbach arbeitete in Krakau um 1511 und 1514 (die Altarflügel des Paulinerklosters 'na Skałce' befinden sich teils in Berlin, teils im MNK). Albrecht Dürers Bruder Hans wirkte von 1527 an für den Hof Sigismunds I und starb dort um 1534. Beide Künstler brachten nicht nur den Nürnberger Stil mit, sondern auch die neue Kunst der italienischen Renaissance.

Die grosse verbindene Figur war Veit Stoß (Wit Stwosz oder Stosz); die heftigen Auseinandersetzungen um sein Werk zwischen deutschen und polnischen Kunsthistorikern wurden bereits in der Einleitung behandelt. Wir wissen nichts genaues über seinen Nürnberger Aufenthalt vor dem Jahre 1477, als die St. Mariengemeinde ihn nach Krakau holte. Es gilt aber als sicher, dass Stoß bei dem niederländisch-süddeutschen Bildhauer Nikolas Gerhaert van Leyden in die Lehre gegangen war. Der Marienaltar, mit seinen 11x16 Metern ist einer der grössten Schreine seiner Art. Die Hauptszene mit ihren überlebensgrossen Figuren stellt den Tod Mariens inmitten der Apostel dar. Der Bildhauer gab dieser Szene eine neue Art des Theatralischen. Polnische Kunsthistoriker haben neuerdings auf den Beitrag der Krakauer theologischen Diskussionen zur Ikonographie des Marientodes gewiesen; die kleinere Szene der Auferstehung Mariens über den Hauptszenen wird auf italienische Bilder zurückgeführt. Die Krakauer Schule des Veit Stoß verbreitete sich in viele Richtungen, nach Schlesien wie nach Siebenbürgen. Vor seiner Rückkehr nach Nürnberg im Jahre 1496 arbeitete Stoß auch für den König, vor allem schuf er das Grabmal Kazimierz IV. Jagiellończyks mit seinem ungewöhnlichen Ausdruck eines sterbenden Menschen. Für das spätere Epitaph des Krakauer Humanisten Kallimachus schuf Stoß lediglich das Modell, den Guss besorgte die Vischer-Werkstatt. Stoß verbindet hier die deutsche Tradition des bescheiden-zurückgezogenen Gelehrten mit der neuen, säkularisierten Aura der Humanisten in italienischer Art.

Gegentlich empfing Polen Einflüsse aus der entgegengesetzten Richtung. In der Zeit der rapiden Expansion nach Osten wurden eine Anzahl von Wandgemälden - ja, es handelt sich um die Mehrzahl der erhaltenen grossen Zyklen aus jener Zeit - von Künstlern aus der östlichen Kirche ausgeführt. Der Stil basiert im wesentlichen auf der byzantinischen Überlieferung. Das grösste Programm findet sich, stark restauriert, in der Kathedrale/Kollegiatkirche von Sandomierz. Die Kapelle des königlichen Schlosses in Lublin demonstriert darüber hinaus das Aufeinandertreffen von zwei Kulturen und Religionen: wir finden hier zwei Darstellungen des Königs Władysław II Jagiełło, eine in byzantinischer Art, und eine zweite in westlicher Art, als 'Jagiellonischer Reiter'.

(a) Toruń/Thorn, Johanniskirche, Madonna mit Moses, um 1390. - (b) Toruń, Museum, Maria aus einer Heimsuchungsgruppe, um 1390 (beide verschollen).

(a) Madonna aus der St. Elisabeth-Kirche in Wrocław/Breslau, um 1390-1400, MNW.
(b) Madonna aus Krużlowa, um 1420-30, MNK.

a

b

c

d

e

(a) Wrocław/Breslau, früher Hl.Kreuzkirche, heute Muzeum Narodowe: Tumba Herzog Heinrichs IV 'Probus', um 1300.
(b) Krakau, Wawel-Kathedrale, Grab König Kazimierz Wielki, um 1370-80.
(c, d) Krakau, Wawel-Kathedrale, Grab König Kazimierz Jagiellończyk, von Veit Stoß, um 1492.
(e) Krakau, Dominkanerkirche, Epitaph Philippus Callimachus (F. Buonacorsi), Entwurf: Veit Stoß, 1493.

d

e

(a) Chomranice, Kreuzabnahme, um 1440, Tarnów Muzeum Diecezjalne.
(b) Drzeckowo, Pfarrkirche, Madonna mit Stiftern, um 1450-60.
(c) Drei Könige, Altar der Augustinerkirche, Krakau, von Mikołaj Haberschrack, nach 1468, MNK.
(d) Flügel des Jerusalemer Altars aus Gdańsk/Danzig, St. Marien, 1497-1500, MNW.
(e) Krakau, Marienkirche, Hauptaltar von Veit Stoß, 1477-89.

(a-d) Lublin, Schloss, Trinitäts-Kapelle, um 1418.

(c, d) Lublin, Schloss, Trinitätskapelle, Stifterfigur König Władysław [Ladislaus] Jagiełło und Jagiellonischer Reiter.

DIE POLNISCHE RENAISSANCE

Polens Złoty Wiek, das 'Goldene Zeitalter', bedeutete zunächst eine Fortsetzung und Konsolidierung der politischen, kirchlichen und wirtschaftlichen Macht des 15. Jahrhunderts und dauerte bis um die Mitte des 17. Das frühe 16. Jahrhundert brachte, zum Teil in enger Verbindung mit süddeutschen Städten, eine weitere Blüte von Kunst, Wissenschaft und Gewerbe, vor allem in der Hauptstadt Krakau. Die Schlacht von Orsza, z.B. ist ein Werk in der Nachfolge Lucas Cranachs und der Grafik Dürers, und eines der wichtigsten Schlachtenbilder der Zeit. Bereits im 15. Jahrhundert gab es auch vielfältige Verbindungen mit italienischen Humanistenkreisen, aber den eigentlichen Beginn der polnischen Renaissance bildete ein radikaler Schritt: nirgendwo in Nordeuropa wurde der neue italienische Stil so früh und so konsequent importiert. Im Jahre 1502 wurde Francesco Fiorentino (Franciszek Florentczyk) aus Buda nach Krakau berufen: der polnische König war ein Bruder des ungarischen und böhmischen Königs. Das erste Werk war der dekorative Rahmen des Königsgrabes Jan Olbrachts im Waweldom; im selben Jahr begann der Ausbau des Wawelschlosses, der dann von einem anderen Florentiner Architekten, Bartolomeo Ber[r]ecci weitergeführt wurde. Dieser entwarf vor allem den Grossen Hof, der einen Versuch darstellte, die vielförmige Burg architektonisch zu vereinheitlichen. Der Arkadenaufbau gilt als die erste Anlage dieser Art ausserhalb Italiens. Die Galerien dienten der Kommunikation, aber auch den Zuschauern bei den Turnieren. Eine Besonderheit sind die langezogenen Säulen des Obergeschosses, hinter denen sich die meisten Prachtzimmer befinden.

Das Hauptwerk der Renaissance in Polen ist jedoch die Grabkapelle, die sich König Zygmunt I Stary (Sigismund der Alte) und seine Gemahlin Bona aus dem italienischen Haus Sforza von 1517 an erbauen liessen, ebenfalls von Bartolomeo Berecci. Der Stil folgt der Florentiner Architektur- und Grabgestaltung von etwa 1500 (J.Sansovino). Der 'ideale' Grundriss kombiniert Quadrat, Kreis und Achteck. Von grösster Wirkung in Polen war zunächst die Art der Anlage selbst: Von nun an wurde die mit einer eigenen Kuppel versehene Grabkapelle, als quasi selbstständiger Anbau an eine grosse Kirche, zu einem Wahrzeichen polnischer Baukunst. Als das Haus Wasa im 17. Jahrhundert seine Grabkapelle errichtete, wurde das Äussere der Sigismund-Kapelle nebenan bis aufs Detail wiederholt. Der Palast und die Kapelle erhielten aufwendige Dekorations-Zyklen. Das Innere der Kapelle wurde zunächst mit einem Programm von Evangelisten und Propheten, wie auch von polnischen Heiligen, ausgestattet. Dazu kamen eine Reihe von Figuren und Szenen der klassischen Mythologie, wie man sie nur selten in Kirchen findet, eine Gigantomachie, Tritonen, Nereiden, Kleopatra und Daphne und anderes - eine überzeugende Deutung des Ganzen ist bisher noch nicht gelungen.

An den Wänden des Hofes findet sich eine Serie von gemalten Porträts der Römisch-Germanischen Kaiser. In der Sala Poselska, dem Saal der Abgordneten, wird auf den Zweck des Raumes angespielt, vor allem durch die Serie von Köpfen, die aus den Tiefen der Kassettendecke auf den Beschauer herabblicken. Auch hier ist das genaue Programm nicht zu fassen, vor allem, da von den ursprünglichen 194 Köpfen nur 34 erhalten sind. Sie präsentieren einen Querschnitt durch die Gesellschaft, alt und jung, reich und arm. Man vermutet zudem den Einfluss eines von Paracelsus (Theophrast von Hohenheim) stammenden astrologischen Systems. Der Hauptzweck der christlichen und mythologischen Programme war aber wohl die Demonstration eines humanistischen Hofes wie auch der imperialen Ambitionen des polnischen Königs, der immerhin damals über den zweitgrössten Flächenstaat Europas herrschte und offen mit den Habsburgern rivalisierte.

Während die architektonischen und dekorativen Elemente der Sigismund-Kapelle einen reinen italienischen Stil vertreten, ist die Situation bei den Grabmonumenten komplizierter. Wichtig ist vor allem die neue Art der Darstellung des Sterbens, in einer Art Zwischenzustand des leichten, friedlichen Schlafes, wobei der Kopf und der obere Teil des Körpers vom Ellbogen gestützt werden. Die Haltung wird vage als 'sansovinisch' bezeichnet und stellt wohl eine Kombination dar von neuen italienischen, d.h. neoplatonischen Darstellungen des Todes mit der christlichen Eschatologie (der Hoffnung auf Auferstehung). Der Stil der Skulpturen selbst folgt eher nördlichen als südlichen Vorbildern. In der Renaissance-Kassettendecke der Sala Poselska gehören die hölzernen Köpfe, die unter der Leitung des Breslauer Bildhauers Sebastian Tauerbach geschnitzt wurden, weitgehend in die spätgotische Tradition. Bereits um 1520 begann man mit einer Serie von Grabmälern im neuen Stil in der Kathedrale von Tarnów. Der Darstellungstyp der Sigismundkapelle findet sich hauptsächlich an den Gräbern der Magnaten und der Bischöfe, während die immer zahlreicheren Denkmäler des mittleren Adels entweder die gotische Tradition des lebenden Abbildes oder die italienische der gestorbenen Person verwenden. Ein weitere polnische Sonderform ist das 'zweistöckige Grab', d.h. zwei Figuren sind übereinander angebracht, etwa zwei Brüder oder ein Ehepaar. Später enthielt die Dekoration auch niederländische Details und um 1600 zeigen sich weitere manieristische und proto-barocke Elemente, etwa im Werk des Santi Gucci.

Zu den bisherigen Kreisen der künstlerischen Auftraggeberschaft hatte sich nun eine weitere gesellt, die Szlachta, der Adel. Man mauserte sich vom Rittertum zum sesshaften und von der blühenden Landwirtschaft prosperierenden Landadel. Zugleich erweiterte der höhere Adel, die sog. Magnaten, stetig ihre Mitsprache gegenüber dem König, vor allem bei den Abstimmungen im 'Sejm', der legislativen Versammlung der 'Rzeczpospolita [Res Publica] Polska', der 'polnischen (Adels)republik' - noch immer sind dies die Worte für Parlament und Republik Polen und noch heute können die Räume des Sejms in Krakau, die bereits erwähnte Sala Poselska im Wawel, und der spätere Parlamentssaal im Warschauer Schloss besichtigt werden. Man hat Rzeczpospolita häufig auch mit 'commonwealth' übersetzt, um das Zusammenleben verschiedener Völker im polnisch-litauischen Reich zu betonen. Polen galt als eine Region des Wohlstandes und der Toleranz. Die zahllosen kleineren Herrensitze waren zumeist noch aus Holz gebaut, während sich die grösseren Schlösser oft an die Formel 'palazzo in fortezza' hielten, etwa das Schloss Baranów Sandomierski mit seinem Arkadenhof (für die Familie Leszczyński, später Lubomirski) von Santi Gucci um 1600. Der Ossoliński Palast Krzyżtopór ist mit besonders schwerer Symbolik befrachtet: die Zahl der Bastionen entspricht der der Jahreszeiten, die der grossen Räume der Zahl der Monate, Räume insgesamt gibt es so viele wie Wochen, und Fenster so viele wie Tage im Jahr; der Sinn liegt in der Demonstration der Beständigkeit der Familie.

Aber auch die Städte standen in der baulichen Entwicklung kaum nach. Freilich stammt die grösste neue Anlage, Zamość, aus der Inititave von Polens bedeutendstem Magnaten, Jan Zamoyski, und der bei weitem grösste Bau ist sein Stadtschloss. Zamoyski war eine zeitlang Rektor der Universität Padua und auch seinen Architekten, Bernardo Morando, holte er sich von dorther. Man baute eine Reihe von neuen Rathäusern bzw. erneuerte alte Bauten, wie z.B. die Krakauer Sukiennice, die Tuchhallen (1556-60 von den Bildhauern und Architekten Santo Gucci und Jan Maria Padovano). In einer Reihe von Städten, vor allem in Lwów/Lviv, finden sich reich geschmückte Renaissancefassaden. Wie andere nordeuropäische Länder war Polen vom späteren 16. Jahrhundert an architektonisch in zwei Zonen geteilt, eine südliche, italienisch beeinflusste, und eine nördliche Zone, die einer teilweise protestantisch gefärbten flämisch-niederländisch-norddeutsch-dänischen Renaissance folgte. Eine der Hauptstädte dieser Welt war Danzig/Gdańsk, ein internationaler Handelsplatz unter polnischer Oberhoheit. Keine andere Stadt Polens konnte sich damals mit der Pracht Danzigs, seiner öffentlichen wie seiner Privatbauten, vergleichen. Das Programm der Ausstattung des Roten Saales im Rathaus gipfelt in einer geo-politischen Darstellung der Stadt, die als Apotheose der Verbindung mit Polen interpretiert wird.

In den meisten Teilen Polens war und blieb der wichtigste Bautyp die Kirche und die dazugehörigen Klöster und Schulen. Von Adel und Königshaus unterstützt - die Kirche galt immer als reiche Institution - machte sich der Einfluss der Gegenreformation schnell bemerkbar. Jesuiten, Anhänger des Karl Borromäus und Karmeliter ('Bosych', der Barfüsser) schufen die Grundlagen des 'katholischen Polen', das Land der Matka Boska (Muttergottes), der Regina Regni Poloniae. Nach der Mitte des 17. Jahrhunderts war es mit dem Zeitalter der Toleranz praktisch zu Ende. Durch den eifrigen Bau von Kirchen und Klöstern kam es nun auch zu einer stärkeren Verwurzelung der künstlerisch-handwerklichen Tätigkeiten in der Region und zur Verbreitung des Stein- und verputzten Backsteinbaus. Die Anlage der Kirchen variierte wenig, und Bauten wie Grodzisk Wielkopolski, vielleicht als Variation des polnischen Kapellenthemas aufzufassen, blieben selten. Eines der aufwendigsten Werke der Stukkatur des Inneren ist die Wallfahrtskirche in Częstochowa (Tschenstochau) aus dem späten 17. Jahrhundert. Charakterisch für Südpolen ist eher die etwas frühere 'Lubelsko'-Schule des Verputz-Dekors, die auch Lwów/Lviv einbegriff. Vorbild war natürlich weiterhin der Steindekor der Sigismundkapelle, zuzüglich einiger niederländischer Elemente. Viele der Meister kamen aus der Lombardei, aber auch polnische und deutsche Namen kommen häufig vor.

Polnische Kunsthistoriker haben sich vielfach mit dem Problem des 'polnischen Renaissance-Stils' beschäftigt. Schon lange sprach man von einer 'polnischen Attika' [Brüstung], die kleine spätgotische Giebel, italienische Festungsbekrönungen und andere Motive kombinierte und von der Mitte des 16. Jahrhunderts an als horizontale Gliederung verwendet wurde, vor allem an städtischen Bauten. Die Frage nach Orientalismen, etwa im gleichmässigen Reichtum der Dekoration, taucht auf, sie wird bei den Porträts noch einmal zur Sprache kommen. Daneben klingen immer noch gotische Formen an, z.B in den Netzdekorationen der Gewölbe. Kann man von Manierismus sprechen? Wenn ja, dann handelt es sich aber nicht, wie in Italien, um einen solchen, der von 'oben', von einigen Künstlern initiiert wurde, sondern um einen eher 'naiven' und 'volkstümlichen' Manierismus. Aber auch diese Begriffe sind problematisch. Tatsache ist jedenfalls, dass vom späteren 16. Jahrhundert an ein bis dahin nicht gekanntes hohes und breites Niveau der Architektur und Dekorationskunst erreicht wurde.

Die Zeit bis zur Mitte des 17. Jahrhunderts war in Polen, im Gegensatz etwa zu Deutschland, eine friedliche, aber ein wesentlicher Wandel in der polnischen Politik und Kultur hatte bereits begonnen. Vor allem an den östlichen Grenzen herrschte meist Krieg. Das polnische Königshaus verflocht sich, und bekriegte sich bald, mit weiteren Mächten, vor allem mit Schweden, was vom späteren 17. Jahrhundert wesentlich zur Schwächung des Landes beitrug. Von 1697 bis 1763 an sassen die Kurfürsten von Sachsen auf dem polnischen Königsthron. Die Kriege mit Russland im frühen 18. Jahrhundert endeten mit einer Etablierung des östlichen Einflusses in allen polnischen Angelegenheiten. Im Lande wuchs die Macht einer kleinen Gruppe von Magnaten bzw. Aristokraten auf Kosten der Zentralgewalt, während der untere Adel, die Bauern und die Grosszahl der städtischen Bevölkerung verarmte. Die grossen Städte des Nordens, Thorn und Danzig, spielten kulturell nur noch eine geringe Rolle. Der Schwerpunkt des Landes verlagerte sich in die neue Hauptstadt Warschau, und den Bauten der Magnaten und ihren westeuropäischen Vorbildern werden wir uns noch zuwenden.

All dies bewirkte eine neue Konzentration des Mäzenatentums: vom späten 16. bis ins mittlere 18. Jahrhundert sind viele der Bauten und ihre Ausstattungen weniger der einen oder anderen polnischen Regionalschule zuzuzählen, sondern sie nehmen direkt am europäischen Kunstgeschehen, sozusagen auf höchster Ebene, teil. Die Jesuitenkirche in Krakau, zum Beispiel, wird als die erste Barockkirche Nordeuropas bezeichnet. Die klassische Architektur in Polen erreichte in gewisser Weise ihren Reifezustand, als im späten 17. Jahrhundert die ersten Bücher zum Thema erscheinen. Mit dem Werk von Tylman van Gameren (1632-1706) nahm man an einem internationalen Palladianismus / 'Scammozzismus', teil, vor allem in seinen Warschauer Bauten. Wilanów, die Residenz des Königs vor der Stadt, wurde als 'italienische' Villa begonnen, bald aber zu einem Palast mittlerer Grösse erweitert. Die reichen Gartenanlagen und das aufwendige Innere haben sich relativ gut erhalten. Die Dekorationen - auch am Aussenbau - zelebrieren mit Hilfe antiker Mythologie vor allem die Siege Jan III Sobieskis über die Türken (Wien 1683). Die Paläste des 18. Jahrhunderts in Stadt und Land folgten dann dem französischen Modell mit grossem, kompaktem Mittelteil. Über das ganze Land verstreut finden wir eine Reihe von Experimenten mit dem Zentralbau, etwa in der Kirche von Gostyń in der Nachfolge von Sta. Maria della Salute in Venedig, der kleineren, aber komplexen Sakraments-Kirche in Warschau von Tylman van Gameren oder in der Verbindung von Lang- und Zentralbau in Ląd (1728-33 von Tomasz Poncino, Pompeo Ferrari u.a.).

Die prächtigsten Rokokokirchen Polens finden sich in den früheren Ostgebieten. In Lemberg/Lwów/Lviv spürt man in dem zentralisierenden, klassisizierenden Bau der Dominikanerkirche zunächst den Einfluss der Wiener Karlskirche. Auch der Wiener Bernard Merderer ('Merettini') kombinierte Lang- und Zentralbau in seiner Kathedrale in Lwów, Św.Jura; vor allem stellt dieser Bau ein seltenes Beispiel einer reinen Rokokokirche dar: im Innern sind praktisch alle Wände geschwungen. In Wilna schuf der wohl aus Schlesien stammende Jan Krzysztof Glaubitz eine eigene Version des Barock- und Rokokoaltares, in der Art wie seitliche und Mittelteile, Skulptur und Architektur zu einem illusionistischen Ganzen verbunden wurden. Eine erfolgreiche Schule der Rokokoskulptur begleitete die Architektur in beiden Städten. Einen wirklich breiten Einfluss des Rokoko hat es in Polen aber kaum gegeben - die Regionen um die östlichen Zentren lagen bereits ausserhalb des Bereiches der römisch-katholischen Kirche. Die vornehmsten Auftraggeber Polens begannen bereits in den 1760er Jahren mit dem Import neuer westlicher, das Rokoko ablehnender Stile. Es schien daher bisher kaum sinnvoll, von einem 'polnischen' Barock oder Rokoko zu sprechen. Hat man damit aber vielleicht verhindert, dass die bedeutenden polnischen Einzelwerke dieser Stile überhaupt bekannt wurden?

(a) Krakau, Wawel-Kathedrale, 14.-17. Jh. (Sigismund-Kapelle rechts vom Eingang).
(b) Krakau, Jagiellonen-Universität, Collegium Maius, um 1492-1540. - (c) Krakau, Wawel-Schloss, Hof, um 1507-30.
(d) Schlacht bei Orsza, (Weissrussland 1514; s. S. 64), MNW.

(a) Kościan, Pfarrkirche, Opaliński-Grab, um 1590.
(b) Krakau, Wawel-Kathedrale, Sigismund-Kapelle, von Bartolomeo Berrecci u.a., 1517-33.
(c, d) Krakau, Wawel-Schloss, Saal der Abgeordneten (Sala Poselska), von Sebastian Tauerbach und Jan Janda, 1534/5.

(a) Krakau, Jesuitenkirche St. Peter und Paul, von Giovanni de Rossis, Jan Trevano u.a. 1597-1619. - (b) Ujazd, Schloss Krzyżtopór, von Wawrzyniec Senes, 1627-44. - (c) Gdańsk/Danzig, Grosses Arsenal, von Antonius van Opbergen, 1602-14.
(d) Gdańsk/Danzig, Rathaus, Roter Saal, Deckenbild: Allegorie auf den Handel der Stadt, von Isaak van den Blocke, 1608.

(a) Poznań/Posen, Rathaus, von Giovanni Battista Quadro, voll. 1555.

(b) Chełmno/Culm, Rathaus, 1567-72.

a

c

b

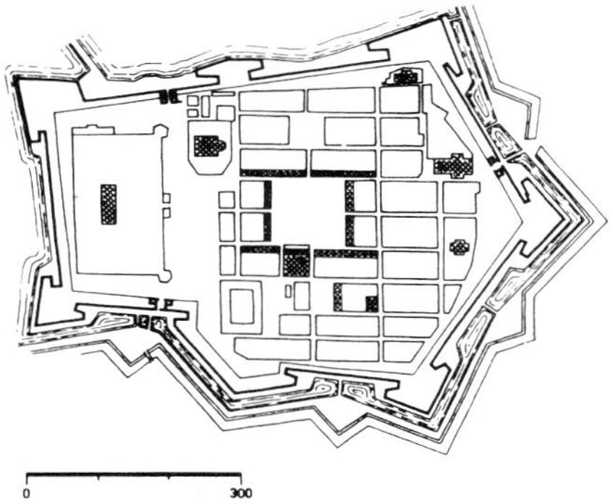

*(a) Zamość, Markt und Rathaus, letzteres von Jan Jaroszewicz and Jan Wolff, 1639-51.
(b) Zamość, Plan von Bernardo Morando, 1579-1605.
(c, d) Grodzisk Wielopolski, Pfarrkirche, von Krzysztof Bonadura, 1628-48.
(e) Kazimierz Dolny, 'Kamienice [Steinhaus] pod św. Mikołajem i pod św. Krzysztofem', um 1635.
(f) Zamość, Kollegiatkirche, von Bernardo Morando, 1587-1600.*

d

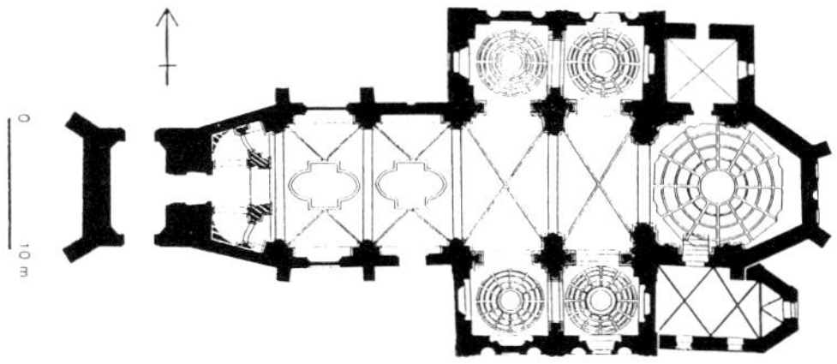

e

f

Kazimierz Dolny, Pfarrkirche, von Jakub Balin, 1610-13.

Lublin, Heilig Kreuz-Kirche, Kuppel der Firlej-Kapelle, Dekor von Jan Wolff, 1630.

a

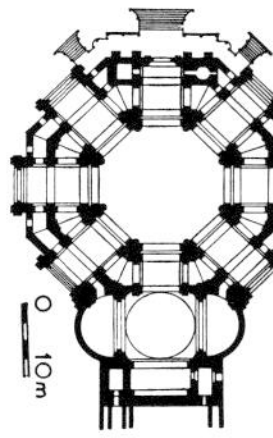

b

DER SARMATISMUS

Wir haben bisher hauptsächlich die Internationalität Polens betont. Es gab aber auch 'nationale' Elemente, solche, die nicht lediglich als eine Variation ähnlicher Züge in anderen Ländern zu verstehen sind. Sie sind uns überliefert im wesentlichen in den Gemälden jener Epoche. Wie in vielen anderen europäischen Ländern entwickelte sich in Polen die Malerei zu einem wichtigen Instrument der Zeremonie. Noch heute hat sich eine grosse Menge von Werken erhalten, zum einen Kirchenbilder, zum anderen Porträts. Diese Bilder werden selten in Bezug auf ihre kunsthistorisch-stilistische Entwicklung diskutiert; keiner der Künstler, ob heimisch oder eingewandert, zählt zur europäischen Elite und das gilt selbst für die Maler am königlichen Hofe, etwa für den in Holland ausgebildeten Danziger Daniel Schultz. Der Wert der Porträts liegt vornehmlich in der Art, in der sie uns das Selbstverständnis des polnischen Adels vermitteln.

Sarmartyzm bezeichnet eine eigenartige Mischung von 'Ost' und 'West'. Man muss zunächst wissen, dass der polnische Adel etwa zehn Prozent der Bevölkerung ausmachte, das heisst etwa eine Million Menschen, die aber natürlich sehr weit verstreut lebten. Die Unterscheidung zwischen den beiden wichtigsten Gesellschaftsschichten, Adel und Bauern, war nahezu absolut. Von letzterem Stand wurde sogar gesagt, dass er von einem anderen Volksstamm abstamme. Sarmatyzm diente aber auch der Absetzung gegenüber anderen Bewohnern des Landes, etwa der deutschen Bürger in vielen Städten und der Juden. Die Unterschiede innerhalb des Adels selbst waren natürlich ebenfalls erheblich, aber zumindest in den früheren Zeiten war eine Titel-Hierarchie in Polen kaum verbreitet und auch der König gehörte in die gleiche Schicht, er wurde ja, wenigstens in der Theorie, vom gesammten Adel gewählt. Die bedeutendsten Adligen sahen sich in vieler Hinsicht als die absoluten Herrscher ihrer Ländereien. Ihnen unterlag die Rechtsprechung, und sie erstellten mit Hilfe ihrer Dienerschaft Privatarmeen. Natürlich galten viele der Werte des Sarmartyzm, Stolz, Tapferkeit und kriegerisches Talent auch für andere Oligarchen und absolutistische Herrscher im Europa des Barock-Zeitalters. Man kann aber den Sarmatismus als eine besondere polnische Ideologie bezeichnen. Er war einerseits eng an den katholischen Glauben gebunden; der polnische 'miles christianus' verfestigte seine Stellung innerhalb des europäischen Katholizismus zu einer Zeit, als der Protestantismus in den meisten Teilen Polens beseitigt wurde. All dieses richtete sich gegen den bedrohlichen Osten, gegen die Russen oder die Kosaken. Aber der Sarmatismus bedeutete gleichzeitig auch die Wertschätzung östlicher Elemente der litauischen und ruthenischen (ukrainischen) Völker, derjenigen Regionen, aus denen viele polnische Adlige ihren Reichtum schöpften. Der Name selbst war ein historisches und kulturelles Konstrukt. Wie in anderen Teilen Europas ging es um den Beweis einer historisch würdigen und vor allem weit zurückliegenden Abstammung. Auch einige Polen gaben vor, ihre Familien direkt auf Rom zurückzuführen (etwa die Krasińskis auf Valerian Corvinus), aber eine weiter verbreitete Neigung war es, den polnischen und litauischen Adel von einem legendären Stamm der Sarmaten abzuleiten, der aus Iran stammte und mit Gestalten der Bibel verbunden war, wie auch mit Alexander dem Grossen und Caesar. Es handelte sich also um eine wohl konziperte Seitenlinie der klassischen Antike, mit einem östlichen Einschlag, der den polnischen Anspruch auf die Ländereien des Ostens und Südostens untermauerte. Ein weiteres paradoxes Element war der Stolz auf die Siege über die Türken einerseits, andererseits aber die Übernahme türkischer Elemente in der Tracht.

Überall in Europa wurde die zeremonielle Bedeutung von Kleidung und dekorativen Beigaben auf das genaueste ausgearbeitet. Die Menge des kostbaren, importierten Tuches zeigte man in der Länge und der Vielschichtigkeit. Es war mit ebenso teuren Sustanzen gefärbt und mit häufig wechselnden dekorativen Besätzen versehen. In den meisten Ländern bezeichnete dies nicht nur den Grad des Reichtums, sondern auch die Kaste, Adel, Militär, Bürger, Kirchenmann. Die Moden verrieten darüber hinaus die Zugehörigkeit zu einer Gruppe oder einem Land, in das man geboren wurde, oder das man erwählt hatte. Die ausländischen Könige auf Polens Thron wurden wiederholt angehalten, die polnische Tracht nicht zu vernachlässigen, wenigstens bei Haupt- und Staatsaktionen. König Jan II Kazimierz (aus dem schwedischen Hause Wasa) liess sich in polnischem wie in westlichem Habitus porträtieren. Jeder Träger der polnischen Ausstattung war sich stets seiner Erscheinung bewusst, er trug sie, weil er sich gegenüber allem Ausländischen absetzten wollte, gegenüber allem 'deutschen', wie anfänglich die gesamte westeuropäische Kultur bezeichnet wurde. Schliesslich war der Sarmatismus vornehmlich etwas männliches, es gab wohl sarmatische Elemente im Frauenkostüm, aber in den besten Familien war das repräsentative weibliche Kostüm eher westlich bestimmt.

Bis nach der Mitte des 16. Jahrhunderts zeigen polnische Porträts kaum Unterschiede zu westlichen. Die ersten Anzeichen des Sarmatismus sehen wir in den Kleidern des en pied Bildes von König Stefan Batory. Die hieratische Steifheit, ein im damaligen Europa weit verbreiteter Zug, blieb ein Kennzeichen polnischer Porträts für die nächsten 150 Jahre. Das wichtigste Kleid war anfänglich der lange, oft rote, Überrock 'delia', eine Art von Kaftan. Im 17. Jahrhundert dominiert der 'kontusz', ein reichlich geschmückter Kaftan, in Kombination mit einem 'żupan', einem Unterkaftan - um nur einiges aus der komplexen Terminologie zu erwähnen. Ein weiteres, wichtiges Element war der verzierte 'polnische Gürtel', ein Tuch, das um den Mantel geschlungen wurde und dessen Breite den Grad der Reichtums verriet. Als besonderes, orientalisches Zeichen galt der glatt rasierte Bart und auch der nach Tartarenart bis auf einen oberen Haarbüschel glatt rasierte Kopf.

Es bestehen immer noch Probleme bei der exakten Beurteilung aller dieser Gebräuche. Inwieweit handelt es sich hier um etwas Orientalisches? Für westliche Begriffe galten viele der polnischen Elemente als schlicht exotisch. Zu der polnisch-litauischen 'sarmatischen' Bedeutung kam noch die eines weiteren slavischen Umkreises, der auch Ungarn miteinschloss (zu dem wiederum Sieben-

SEITE 42 (links gegenüber):
(a+b) Gostyń, Kirche der Fillipiner, von Jerzy und Jan Catenaci, beg. um 1679.
(c) Wilanów bei Warschau, Schloss von Augustin Locci, 1677-92.
(d) Białystok, Schloss Branicki, von Jan Zygmunt Deybel & Jan Henryk Klemm, 1728-58.
(e) Lwów/Lemberg, Dominikanerkirche, von Jan de Witte, 1749-64.
(f) Częstochowa, Pauliner-Kloster ('Jasna Góra'), 15.-17. Jh.
(g) Krzeszów/Grüssau, Zisterzienser-Kirche, um 1720-50.
(h) Poznań, Jesuitenkirche, von Tomasz Poncino, Jan Catenaci u.a., um 1649-1730.
(i) Lwów/Lemberg, Griechisch-katholische Kathedrale sw. Jura, von Bernard Merderer (Merettini), 1744-63.
(k) Wilno/Vilna/Vilnius, Karmeliter-Kloster St. Teresa, von Jan Krzysztof Glaubitz (?), um 1763-67.

bürgen und die Slowakei gehörten). Ungarn war auch das Durchgangsland für einige der orientalischen Kostüme und deren Benennungen. Die feineren Differenzierungen des Kostüms dienten der jeweiligen Kennzeichnung von Adel und Militär bei den einzelnen Völkern, nicht nur der grösseren Gruppen, wie Polen und Russen, sondern auch der kleineren, wie der Weissrussen oder der Moldavier. In den Grenzgebieten Polens übernahmen auch Protestanten zuweilen einige sarmatische Elemente.

Neue Untersuchungen zur sarmatischen Kleidung, die auf schriftlichen Dokumenten beruhen, haben zu teilweise abweichenden Erkenntnissen geführt. Wenn man die Trachten als Teil der angewandten Künste betrachtet, als Teil der Luxusproduktion, so handelt es sich hier doch mehr um ein internationales Phänomen. Ein Grossteil der Ware kam aus dem Osten, die Gürtel zum Beispiel wurden von Armeniern gewoben, aber oft über Leipzig bezogen. Anderes wurde aus Frankreich importiert. Dazu kamen Textilien für die Ausstattung des Adelssitzes, wie etwa dekorative Teppiche, Kilim genannt (auch dies ein persisch/türkisches Wort) und makaty, d.h. Stoffe, die an Wände oder über Möbel gehängt wurden. Auch sie wurden zunächst importiert und trugen meist östliche Blumenmotive. Die heimische Produktion begann wohl im späteren 17. Jahrhundert, und um die Mitte des 18. Jahrhunderts hatten polnische Makaty mit orientalischen Motiven einen gewissen Ruf erworben (siehe Vorsatzblatt); das gleiche galt für die späte Blüte der 'polnischen Gürtel' aus heimischer Produktion.

Ein exklusiv polnisches Phänomen war, so scheint es, das 'portret trumienny', das Sarg-Porträt; auf der Suche nach Parallelen muss man in die frühe byzantinische und späte ägyptische Zeit zurückgehen. Es diente zunächst als Teil der Exequien, bei denen es sich um enorme Festlichkeiten handelte, die mehrere Tage dauerten und deren Vorbereitung lange Zeit in Anspruch nahm. Zusammen mit vielem anderem dekorativem Beiwerk, mit Wappenschildern und versehen mit langen lateinischen Inschriften wurde das etwa 40 mal 40 cm grosse Schild aus Zinn oder Blei an der Vorderseite des Sarges angebracht. Der Hauptzweck des Porträts war zunächst, dass der oder die Verstorbene auf die Versammlung blickte, um sich der statusgerechten Durchführung der Zeremonien zu versichern. Dies bedeutete auch, dass die verstorbene Person - im Gegensatz zu anderen, mehr typisierenden Porträts - lebensgleich gemalt wurde, mit offenen Augen und mit individualisierenden Zügen, wie Narben usw. Im Unterschied zu den sarmatischen Sitten generell hatten Frauensargporträts den gleichen Rang wie männliche. Der Anfang des sarmatischen Grabporträts geht wohl ebenfalls auf König Stefan Batory im Jahre 1586 zurück. Vom späten 17. Jahrhundert an vermehrte sich die Pracht der Zeremonie und die männlichen Porträts wurden vergrössert und betonten verstärkt den Status, während die Frauenporträts noch immer den Hauptwert auf die Individualisierung legten, aber auch hier wurde immer mehr Schmuck verwendet. Später bemächtigten sich auch Mitglieder anderer Schichten, Priester, Bürger und sogar Protestanten der Sitte. Nach dem Ende der Begräbnisfeierlichkeiten wurden die Porträts mit den Wappenschildern kombiniert und an den Wänden der Kirche aufgehängt, wo sie als eine Art öffentliche Ahnengalerie fungierten.

Vom späten 17. Jahrhundert an begannen viele Magnaten westliche Tracht, vor allem französische Perücken oder all' antica Uniformen, vorzuziehen. In einigen Bildern, etwa dem des Soldaten Boreyko, treten die sarmatischen Züge zurück zugunsten einer grösseren Individualität des Porträtierten. Unter der Herrschaft der beiden sächsischen Könige rückte man in Warschau weiter vom Sarmatismus ab und der letzte polnische König, der in jeder Hinsicht die Macht der Magnaten einschränken wollte, hielt kaum etwas von jener Art der polnischen Tradition - obwohl er die Verbreitung des Polnischen in anderen Bereichen, etwa in der Literatur und der Historie, stark förderte. Um 1800 schien, was Warschau betraf, die sarmatische Sitte am Ende. Sie wurde jedoch auf dem Lande teilweise fortgeführt, verbreitete sich bis auf die untersten Schichten des Landadels und fand schliesslich in einzelnen Elementen Einlass bei der Bauerntracht des späteren 19. Jahrhunderts, - zu einer Zeit, als eine neue Art des Nationalismus ihren Anfang nahm. Dieser wurde allerdings von Künstlern und Intellektuellen propagiert und nahm vor allem auf die Kultur der unteren Klasse bezug.

(a) Grabporträt einer jungen Frau, 1686, MNK.
(b) Grabporträt Stanisław Woysza, gest. 1677, MNW-Wilanów.

(a) König Stefan Batory, von Marcin Kober, 1583, Krakau, Kloster der Missionare. - (b) Hetman Wacław Rzewuski, 1773-4, MNW-Wilanów. - (c) Sieniawski-Familie, 1. H. 18. Jh., MNW-Wilanów. - (d) Zwei Seiten eines 'Polnischen Gürtels', Manufaktur Słuck, 1780-1809, MNP.

(a) Links: König Jan Kazimierz, von Daniel Schultz Jr., um 1650, Schloss Gripsholm (Schweden). - (b) König Jan Kazimierz, von Daniel Schultz Jr., vor 1699, MNW. - (c) Polnische und ungarische Trachten, Stich von W. Baur, frühes 17. Jh., MNK.

'Portret Boreyki' um 1730, Muzeum Tarnów.

WARSCHAUER ADELS-PALÄSTE

Die Hauptstadt des Herzogtums Masowien spielte zunächst nur eine vergleichsweise geringe Rolle, bis die Stadt 1597 Krakau ablöste und zur Hauptstadt des mit Litauen verbundenen und nach Osten sich ausbreitenden riesigen Reiches wurde. Es folgte der Ausbau der königlichen Residenzen in und ausserhalb der Stadt. Aber gleichzeitig schufen auch die zu den Reichstagen sich hier versammelnden Adligen ihre Sitze, die nach 1650 immer grössere Ausmasse annahmen und bald die Bauten des Königs übertrumpften. Zu den letzteren zählte das neu ausgebaute Warschauer Schloss (S.15) und der grosse, vorstädtische Ujazdowski-Palast, während die erwähnte Villa bzw. Schloss Wilanów (S.42) schon im frühen 18. Jahrhundert von königlichem in adligen Besitz überging. Warschau war also vergleichsweise arm an repräsentativen königlichen Palästen im neuesten Stil.

Die Adelspaläste wurden meist auf den sog. Jurisdictiones erbaut, was bedeutete, dass die Grundstücke nicht der städtischen Kontrolle unterlagen. Die baubesessenen sächsisch-polnischen Könige, August der Starke und sein Nachfolger (1697 bis 1763) schufen - mit Hilfe Dresdner Architekten und des 'sächsischen Bauamtes' - eine Reihe von Residenzen und Gärten von erheblicher Grösse, aber auch diese hatten einen eher privaten Charakter. Die Palais Brühl und de Saxe wurden nicht wiederaufgebaut (Karte, Mitte unten; lediglich die Reste des letzteren dienen heute als Grabmal des unbekannten Soldaten). Noch heute (bzw. heute wieder, nach dem 'bereinigten' Wiederaufbau nach 1945) wird die innere Stadt Warschaus geprägt durch die Paläste des Adels (aus der die Bauten des Königs eben nicht herausragen durften) wie kaum eine andere Kapitale.

Sie repräsentieren genau die politische Stellung jener Schicht in der Rzeczpospolita und stellen wohl das bedeutendste künstlerische Zeugnis der polnischen Magnatenrepublik dar, die Spätphase dieser fast völlig westeuropäisch orientierten Schicht. Am Anfang steht der nach palladianischer Art klassizisierende Palast Krasiński, entworfen von dem bedeutendsten in Polen wirkenden Architekten der Zeit, Tylman van Gameren. Einige Bauten stehen inmitten von Parks und tragen eher den Charakter einer Villa, andere, kleinere finden sich an Strassenecken, der Haupttyp aber ist die Anlage des Pariser Hôtels, das sich mit seinem cour d'honneur zur Strasse sowohl öffnet als auch abschliesst. Die Formen der Dekoration folgen stets den neuesten, italienischen, französischen bzw. sächsischen Strömungen, Barock, Rokoko, Louis-Seize Neo-Palladianismus, letzterer vor allem beim Palast des Erzbischofs von Gnesen und Primas von Polen. Bauherr war hier zuletzt Michał Poniatowski, und der enorme Ehrenhof liegt nicht weit entfernt von dem altmodisch wirkenden königlichen Schloss, dem Sitz des Bruders, des Königs Stanisław Poniatowski, und der Regierung. Auch im 19. Jahrhundert setzten die Magnaten ihre städtische Bautätigkeit fort, einige der grössten Paläste wurden allerdings zu öffentlichen Gebäuden umgebaut (S.9).

Warschau, Ansichten von Rizzi Zannoni für Graf Wielohorski, 1772, (Auswahl), und neuer Stadtplan. Oben rechts das Königliche Schloss und die Altstadt, unten Mitte die nicht wiederaufgebauten Palais de Saxe und Brühl.

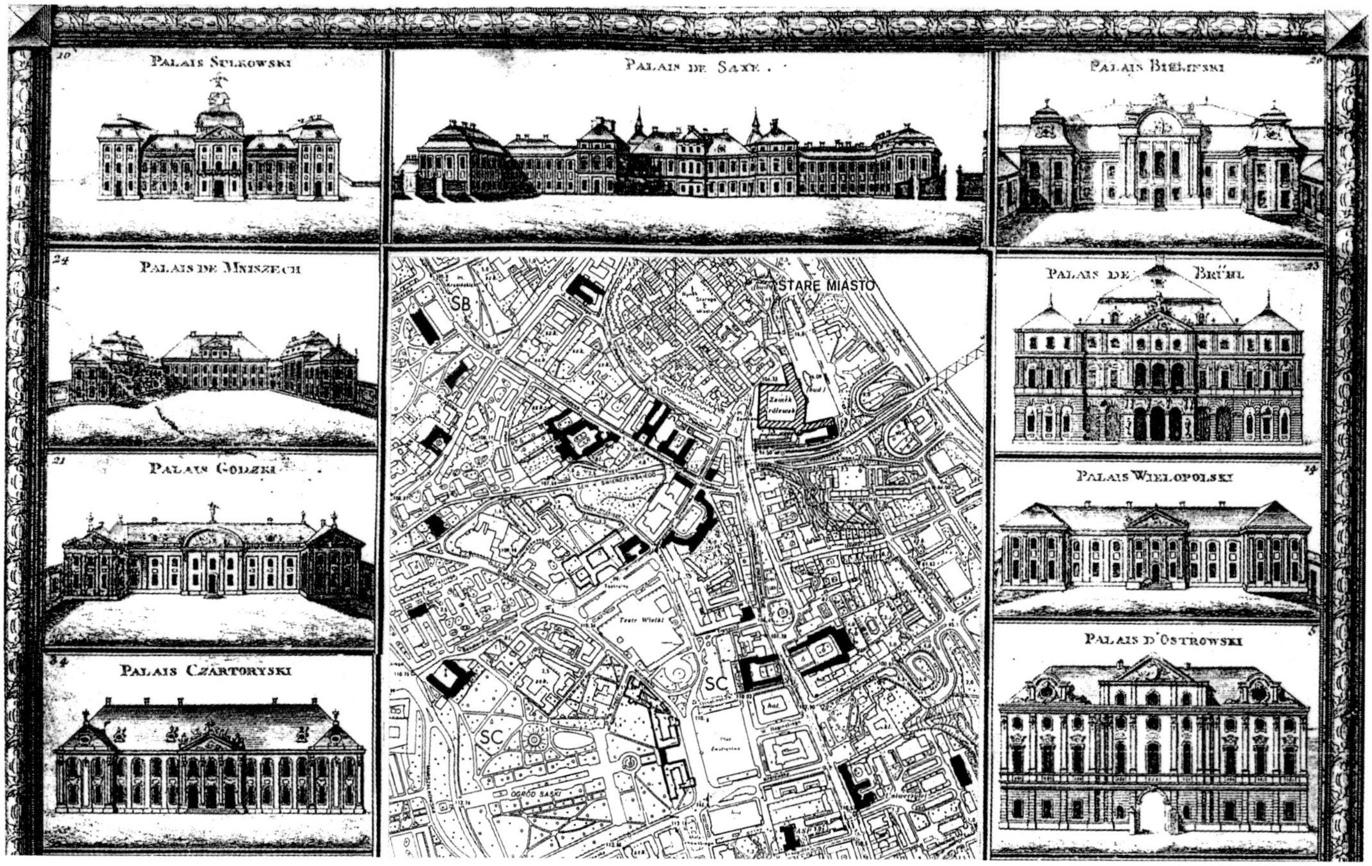

(a) WARSCHAU, 'Pod Blachą' Palais (neben dem Königsschloss) 1651-1656, 18. Jh..
(b, c) Krasiński-Palais (oben links auf dem Plan), von Tylman von Gameren, Skulpturen von Andreas Schlüter, um 1677-1700.
(d) Potocki-Palais, spätes 17. Jh. und 1760er Jahre.

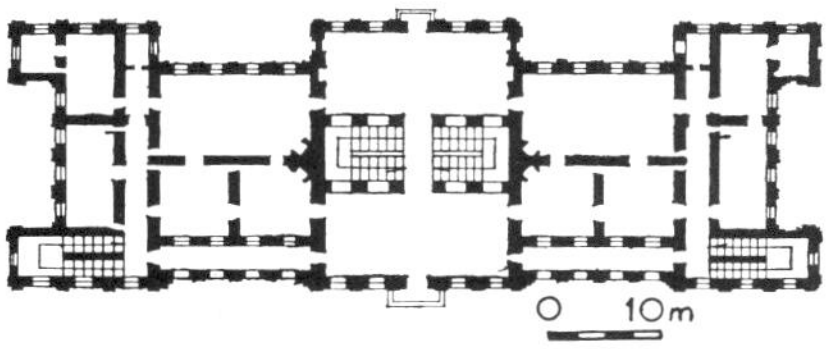

(a) WARSCHAU, links: Palais der Krakauer Bischöfe, Ulica Miodowa, von Jakub Fontana (?), 1760-2; rechts: Branicki Palais, von J.Z.Deybel, J.H.Klemm u.a. Mitte 18. Jh.
(b) Ulica Miodowa, Gemälde von Bernardo Bellotto, nach 1775, Warschau, Königsschloss (ZKW).

(c) Blank Palais, von Szymon Bogumił Zug, um 1762-4.

(d) Prymasowski Palais, von Efraim Schroeger und S. B. Zug, 1777-83.

DER LETZTE KÖNIG ALS MÄZEN

Nach der sächsischen Besetzung des polnischen Thrones wurde 1764 mit Stanisław II Augustus aus der Poniatowski- (und Czartoryski-) Familie noch einmal ein König aus dem polnischen Adel gewählt. Stanisław genoss eine sorgfältige Erziehung und sprach fliessend die wichtigsten europäischen Sprachen. Seine grossen Vorbilder waren die französische Aufklärung und das politische System Britanniens. Er verbrachte ausserdem einige Zeit am russischen Hof und war einer der vielen Liebhaber Katharinas der Grossen. Als das wichtigste Ziel seiner Herrschaft sah er die Stärkung der königlichen Macht gegenüber dem Adel. Gleichzeitig führte er eine Reihe von merkantilistischen und aufklärerischen Reformen durch. Es entstanden in Warschau z.B. neue Werkstätten für Porzellan und Goldschmiedekunst. Ein staatliches System der Erziehung wurde eingerichtet, das sich der Bauten des nun aufgelösten Jesuitenordens bediente. Es gab Pläne für ein 'Museum Polonicum', einer öffentlichen Einrichtung von der Art des Londoner British Museum. Die Publikation von Büchern in polnischer Sprache wurde gefördert. All dies gipfelte in der Schaffung einer Verfassung, die am 3 Mai 1791 vom Sejm erlassen wurde, die erste ihrer Art in Europa (S.61,67).

Viele der sozialen und politischen Vorhaben des Königs wurden nicht verwirklicht. Umso intensiver kümmerte er sich um seine zahlreichen künstlerischen Projekte. Viele Künstler kamen noch immer aus Italien, wie der Hofmaler Bacciarelli (S.60) und Bernardo Bellotto (1720-1780); letzterer wollte zunächst auf dem Wege nach Russland in Warschau nur Station machen, blieb aber dort bis an sein Ende; seine Name blieb für lange Zeit der bekannteste aller in Polen tätigen Maler. Die fast zwei Dutzend grossen Warschauer Bilder bewahren eine für jene Zeit einzigartige Anschauung einer Stadt und ihres täglichen Lebens (S.15, 47). Die Kunstsammlungen des Königs enthielten berühmte Werke, wie etwa Fragonards Kuss, heute in der Eremitage, oder Rembrandts Polnischer Reiter (Frick Collection New York). Eine weitere Sammlung, die für den König in England zusammengestellt wurde, hat Polen nie erreicht, sie lieferte dann den Grundstock für die erste öffentliche Gemäldegalerie in England, die Dulwich College Gallery. In den bereits von seinem sächsischen Vorgänger August III begonnenen grossen Anbau des Warschauer Königsschlosses fügte Stanisław eine ausserordentlich reiche Innenausstattung ein. Den Anfang machten die Entwürfe des jungen (später vor allem in Bordeaux zu Ruhm gekommenen) Victor Louis im Louis XVI Stil. Seine Nachfolger waren vor allem Domnik Merlini (1731-1797), aus Brescia sowie Jan Krystian Kam[m]setzer (1753-1795) aus Dresden. Die Programme der Dekoration wurden sorgfältig abgestuft nach dem Grad des öffentlichen Zugangs zu den Räumen, vom Ballsaal und Rittersaal (der wichtigste Saal, in dem der Sejm tagte, befand sich in einem Flügel des 17. Jahrhunderts) zu den privaten Appartements. Der 'Styl Stanisławowski' zählt zu den wichtigsten Manifestationen eines reichen Frühklassizismus, in einer Zeit, als vielen anderen absolutistischen Mächten Europas bereits das Geld ausgegangen war. In den neuen Teilen und in der Ausstattung des Schlösschens Łazienki ('Bad') kam es zur vornehm-zurückhaltenden Version des neuen Stils. Der Garten ist ein frühes Beispiel des englischen Landschaftsstils (von etwa 1774 an).

Schliesslich befinden wir uns bereits von 1772 an im Zeitalter der Teilungen, d.h. es wurden den Polen Teile des Landes abgenommen und die auswärtige Politik wurde immer mehr durch Russland bestimmt. Im Jahre 1795 machte die letzte Teilung der polnischen Republik, bzw. dem polnischen Königtum ein Ende. Für die Malerei jedoch bedeuteten Bedrohung und Zerfall den Ansporn zu einer neuen Sicht der nationalen Geschichte, die die Grundlage der polnischen Kunst des 19. Jahrhunderts bildete.

Die Wahl Stanisław II Augusts zum König (1764), von Bernardo Bellotto, 1778, ZKW.

(a) Warschau, Königsschloss, Marmorzimmer, von J. Fontana, Aquarell von J. K. Kamsetzer, ausgestattet 1768, BUW.
(b) Stanisław Augustus als Mäzen, von Franciszek Smuglewicz, um 1766, ZKW.

(c) Warschau, Königsschloss, Ballsaal, von D. Merlini und J. K. Kamsetzer, 1780-5.

(d) Nautilus-Becher, Gold, von J. Martin, Warschau, 1770, die Gemmen wohl 18. Jh.; London, Victoria & Albert Museum.
(e) Warschau, Łazienki-Schloss, von Domnik Merlini u.a., 1775-1793.

1760-1900: PALLADIANISMUS, GARTEN-ARCHITEKTUR, KLASSIZISMUS, NEUGOTIK

Das neue Regime des Königs und dann die Auslöschung des polnischen Staates bedeuteten keineswegs eine Minderung des Reichtums der Magnaten. Als Haupt der polnischen Italienreisenden verkehrte Stanisław Kostka Potocki (S. 3) mit Künstlern und Schriftstellern aus Frankreich, Deutschland und England. Er liess sich sowohl von Jacques Louis David als auch von Anton Graff porträtieren und seine Familie von Angelica Kauffmann. Seine Antikensammlungen sind noch heute im ehemaligen Sitz der Familie, Schloss Wilanów zu sehen. In Verbindung mit dem neuen Louis-Seize Stil der Innenausstattung kam es auch zu einer neuen, strengeren palladianischen Anlage der Landhäuser (zuerst wohl beim Alexander Ogiński-Schloss in Siedlce, 1776-82 von Stanisław Zawadzki, vgl. S. 50). Nirgendwo ausserhalb Oberitaliens und Englands gibt es so viele palladianische Formen: mächtige Portiken, Säulengänge, die Mittel- und Seitenteile verbinden, sowie Kopien der Villa Rotonda. Mehr nach Frankreich ausgerichtet ist die Kathedrale in Wilno/Vilnius, die mit ihrem noch prominenteren Portikus und ihren strengen, nicht von Fenstern unterbrochenen Wänden zu den frühen radikalen Beispielen des Klassizismus zählt. Auch die Region des nun preussischen Posen wurde bald mit aufwendigen Landschlössern bestückt, einige unter Mitarbeit Schinkels (z.B. das hölzerne Jagdschloss in Antonin, bei Ostrów Wielkopolski, 1822-4) und August Stülers (Miłosław, Pałac Mielżyńskich, 1843); der bevorzugte Stil war die Tudor-Gotik. Die Brüder Raczyński, die zeitweise auch in Berlin residierten, wurden bekannt vor allem durch ihre Sammlung der neuesten deutschen Malerei, über die sie eines der ersten Bücher schrieben (auf französisch); daneben errichteten sie in Posen auch ein Monument zur polnischen Geschichte (S.9).

Der Stil des englischen Landschaftsgartens fand in den späten 1760iger Jahren Eingang (um 1768, Park Alexandrów in Siedlce), wobei die frühesten Beispiele eher in der neuen französischen Art ('anglo-chinois') mit einer grossen Zahl von Schmuckgebäuden ausgestattet wurden, etwa der Warschauer Garten (Mokotów) der Isabella Czartoryska-Lubomirska. Meister dieser experimentalen Architektur war der aus Merseburg gebürtige Szymon Bogumil (Simon Gottlieb) Zug (1733-1807). Das 'genius loci'-Konzept äusserte sich zunächst in Imitationen von Bauernhäusern und dann vor allem in Ruinen, wobei es Zug nicht so sehr wie in der englischen Neugotik auf den malerischen, asymmetrischen Umriss ankam, als auf die Simulation des Alters durch die teilweise ihres Verputzes beraubte Maueroberfläche, wobei sicherlich Anregungen Piranesis verarbeitet wurden. Im Park der Isabella Czartoryska z Flemingów in Puławy war ein gotisches Haus museumsartig mit Relikten aus der Vergangenheit ausgestattet, es handelte sich hier um das erste polnische Altertumsmuseum; ein anderer Bau, der dem Tempel der Vesta in Tivoli nachgebildete Swiątynia Sybilli, trug die Inschrift: Przeszłość-Przyszłości [die Vergangenheit für die Zukunft] - im Rückblick ein Motto für die nächsten hundert Jahre der polnischen Kunst. Der Architekt, Piotr Aigner, war, wie Zug, gleichzeitig Pionier des Klassizismus und der Neugotik, letztere bedeutete für ihn sogar etwas spezifisch Slavisches. - Zug war als Mitglied des Warschauer sächsischen Bauamtes nach Polen gekommen. Wir wissen, dass er nach dessen Auflösung mehrfach um seine Rückversetzung bat, aber im damaligen Sachsen hätte es für ihn kaum nennenswerte Aufträge gegeben.

Der russische Teil Polens (Kongresspolen bzw. Królestwo Polskie/Königreich Polen: König war der Zar) und seine Hauptstadt Warschau führte zunächst viele der früheren administrativen und kulturellen Funktionen weiter; es gab dort eine neue Universität und man baute das damals grösste Theater Europas (Teatr Wielki), wie auch Bauten für Verwaltung und Banken, die von italienisch-polnischen Architektendynastien (vgl. S.9) oder zuweilen auch von preussischen Architekten, wie Georg Hitzig entworfen wurden. Warschaus später, oft dramatischer Klassizismus erinnert zuweilen auch an St.Petersburg. Nach dem 1830iger Aufstand, und erst recht nach dem 1863er, durfte es aber in Russisch-Polen eine spezifisch polnische Verwaltung und Kultur kaum noch geben, und obwohl die Bevölkerung der Stadt rapide zunahm, erhielt sie nur wenige der üblichen Repräsentativgebäude, Strassenanlagen und Denkmäler, die man von den Grosstädten der Zeit gewohnt ist. Den österreichischen Provinzmetropolen Lemberg/Lwów und Krakau, die im Gegensatz zu Warschau im frühen 19.Jahrhundert ein eher ärmliches Dasein geführt hatten, ging es später in architektonischer Hinsicht etwas besser, mit ihren Ringstrassen und grossen Theaterbauten (S.9) Im preussisch-deutschen Posen gab es nach 1848 nur eine geringe spezifisch polnische Architektur und später wurden gewisse kulturelle Lockerungen überschattet von den mächtigen, betont 'deutschen' öffentlichen Bauten in der Stadt (S.9).

Die nach 1850 einsetzende Industrialisierung brachte ein starkes Wachstum, vor allem in den russischen Teilen. Dies war das Resultat eines mächtigen neuen Privat-Kapitalismus sowie der russischen Bauernbefreiung von 1866, die auch zu einer raschen Vermehrung der städtischen Bevölkerung führte. Warschau entwickelte sich rasch zu einer der grossen Mietskasernenstädte Ost-Mitteleuropas: Strasse auf Strasse reichornamentierter Fassaden mit aussergewöhnlich engen Hinterhöfen (Restgebäude sind erhalten). Die einzigen prominenten neuen öffentlichen Gebäude ausser dem (zunächst russischen) Polytechnik sind die katholischen Kirchen, die um 1900 in Stadt und Land in grosser Zahl gebaut wurden.

Die Architektur trat nun in den unmittelbaren Dienst des Kapitalismus. Schon um 1800 hatte es manche Versuche der Regulierung von landwirtschaftlichen Siedlungen gegeben (z.B Łyszkowice bei Łowicz, 1825). In den 1820iger Jahren stellte die Regierung einen gewaltigen Erweiterungsplan für die kleine Stadt Łódź auf und holte eine Anzahl von Unternehmern und Handwerkern aus dem Westen, die moderne Spinnereien und Webereien errichteten. Nach 1850 wuchs die Stadt innerhalb weniger Jahrzehnte zur Textilmetropole Osteuropas. Die deutschen (z.B.Scheibler aus Monschau) und die polnisch-jüdischen Industriekapitäne errichteten von den frühen 1870iger Jahren an riesige Fabriken in der modernsten feuersicheren Bauweise; noch heute ist Łódź Polens grösste Industriestadt. Neben vielen Fabriken entstanden sauber angelegte und gebaute Arbeiterwohnblöcke, sowie die Villen und Paläste der Unternehmer. Jene sind natürlich am reichsten ausgestattet, aber auch die Fabriken zeigen reichlich Dekor, während bei den Arbeitersiedlungen die Betonung eher auf der Solidität der Bauweise liegt. Im Ergebnis zeigen die Ensembles den sozialen Aufbau des damaligen Kapitalismus in einer Anschaulichkeit, zu der es anderswo in diesem Ausmass kaum Parallelen gibt. Łódź war eine multinationale Stadt. Wie anderswo auch, herrschte in Polen eine grosse Vielfalt der Stile. Erst am Ende des Jahrhunderts kam es zu eher nationalen Manifestationen, wie etwa in der opulenten Backstein-'Weichsel-Gotik' in den Kirchen von Józef Dziekoński. Das polnische kulturelle Nationalbewusstsein fand zunächst Ausdruck in der Dichtung und später in den darstellenden Künsten. Das kulturelle Zentrum verlagerte sich nach Krakau.

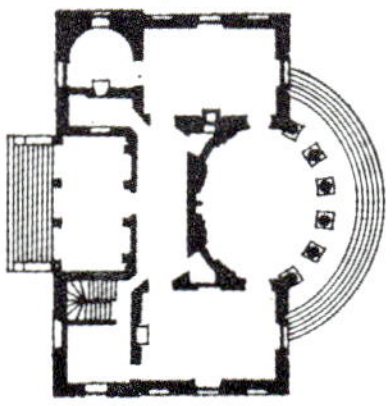

(a, c) Natolin (Warschau), Villa Lubomirski/ Potocki, von Szymon Bogumił Zug, 1780-2.

(b) Wilno/Vilnius, Kathedrale, von Wawrzyniec Montrym Gucewicz, 1783-1807 (Kapelle rechts 1636).

(d, e) Warschau (Mokotów), Villa Królikarnia (für I.Lubomirska/Czartoryska), von Domnik Merlini, 1782-6.

(f) Puławy, Lubomirski/Czartoryski-Park, Gotisches Haus, von Piotr Aigner, um 1800-09.
(g) Arkadia (Łowicz), Park Radziwiłł, "Haus des Hohepriesters", von S.B.Zug, um 1778-83.

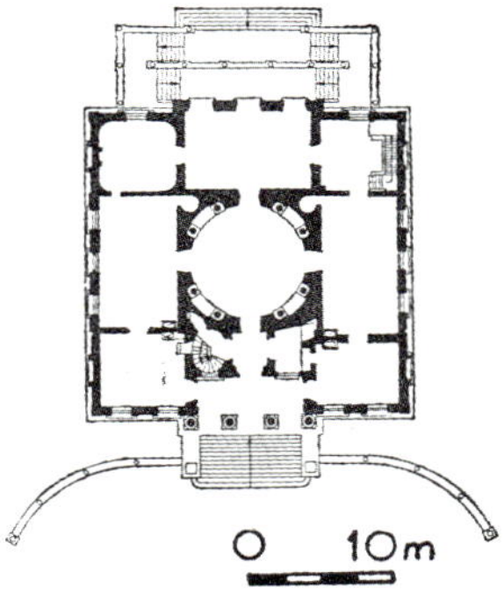

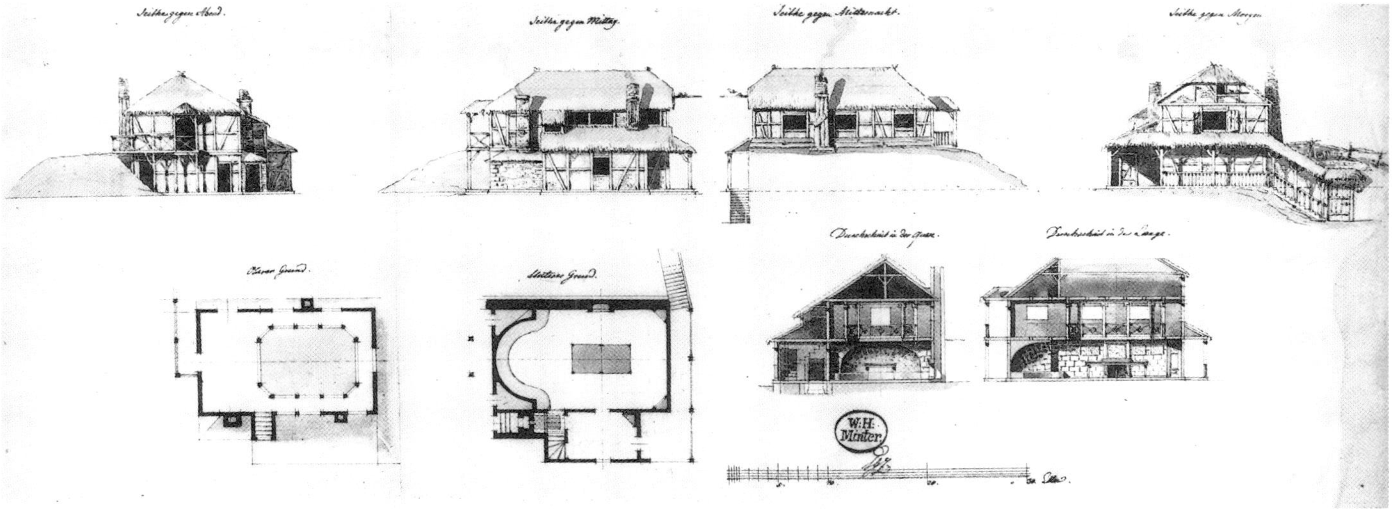

Szymon Bogumił ZUG, Warschau:
(a) Garten an der Solec-Strasse (zerstört), um 1772. - (b) Projekt für eine Meierei 'na Książęcem', um 1777. -
(c) Puławska (Mokotów), Gotisches Türmchen, um 1780. - (d) Mokotów, Projekt für ein 'Schlösschen', um 1780. - (e) Mokotów, Projekt 'Glorieta Flamandzka', um 1776. Alle BUW.

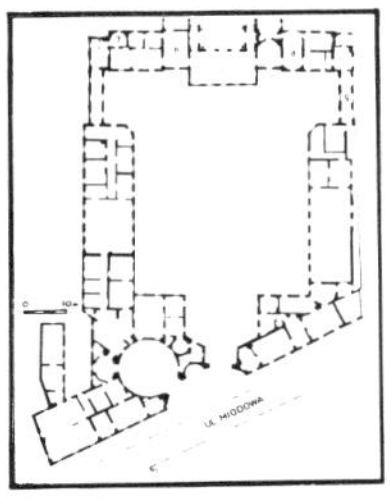

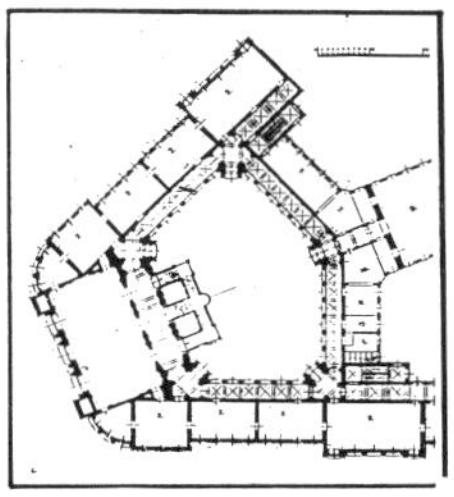

(a) Pawłowice (Poznań/Posen), Mielżyński-Schloss, Ballsaal, von Carl Gotthard Langhans und Jan Krystian Kamsetzer, 1779-1787.
(b) Poznań/Posen, Biblioteka Raczyńskich, 1829.
(c) Warschau, Evangelische Kirche (Pl.Małachowskiego), von S.B. Zug, 1777-9.
(d, e) Warschau, Pac-Palais, von Henryk Marconi, 1824-8.
(f, g) Warschau, Polytechnik, Grosse Halle und Grundriss; von Stefan Szyller, 1900.
(h) Kórnik, Schloss Działyński, von T. Działyński, A.Corazzi, H.Marconi, K.F. Schinkel u.a., 1828/1842-60.
(i) Łódź, Tor der Grohmannschen Textilfabrik, von F.Chełmiński, um 1890.
(k) Radom, P. W. Opieki Matki Boskiej (Maria-Schutz-Kirche), von Józef Pius Dziekoński, 1894-1911.
(l) Łódź, Palast des Textilfabrikanten Poznański, von A.Seligson, 1904, und Fabrik, von H.Majewski, 1880er Jahre.

DIE NATION IN DER MALEREI VOM SPÄTEN 18. BIS ZUM FRÜHEN 20. JAHRHUNDERT

Die nächste Phase der polnischen Kunst brachte etwas radikal Neues. Die Situation des Mäzenatentums hatte sich nun umgekehrt: Die Polen waren nicht mehr Herren ihres Landes, aber die polnischen Künstler erlangten eine vorher nicht gekannte Selbständigkeit. Von nun an wurde Malerei nicht mehr importiert, im Gegenteil, im späteren 19. Jahrhundert erreichten viele Polen hohe Anerkennung im Ausland, z.B. Henryk Siemiradzki - Freund und Sinnesgenosse des Romanciers Henryk Sienkiewicz ('Quo Vadis') - in Rom und in St.Petersburg; Stanisław (von) Chlebowski als Hofmaler in Istanbul und Julian Fałat mit seiner Tätigkeit für Wilhelm II. in den 1880er und 90er Jahren. Insgesamt studierten mehr als 500 polnische Maler in München und Józef Brandt wurde zu einem der 'Malerfürsten' der Stadt. Während Siemiradzki zu den internationalen 'pompiers' gezählt wird, machte Brandt Land und Leute in Polen zu seinem Thema und signierte seine Bilder 'Józef Brandt z [aus] Warszawy' (S.6).

Damit sind wir schon beim Hauptinhalt: die Botschaft vieler, d.h. eigentlich fast aller Bilder, die eine gewisse Bedeutung erlangten, war nun das Nationale. Natürlich gab es auch Sujets der Malerei, wie Porträt und Landschaft, die prinzipiell nicht unter diesen Gesichtspunkt fielen. Die vorliegende, nationalbetonte Darstellung folgt im wesentlichen den ersten zusammenfassenden Untersuchungen polnischer Malerei im Anfang des 20. Jahrhunderts, etwa der des Kunsthistorikers Jan Bołoz-Antoniewicz, der eng mit Kritikern wie Stanisław Witkiewicz zusammenarbeitete. In jener Zeit wurden selbst Landschaften und Porträts als Manifestationen des Nationalen angesehen. Streng genommen, war natürlich auch die Idee einer 'nationalen Schule der Malerei' ein universales Phänomen und Polen bildete keine Ausnahme in seiner Teilhabe an einer immer breiteren internationalen Verflechtung der Welt der Kunst. Trotzdem verlief hier die Entwicklung zunächst anders als etwa in Deutschland oder Frankreich. Die Ursprünge eines polnischen Nationalstils lagen zuallererst in jenem eigentümlichen frühen Phänomen des Sarmatyzm. In Zugs Parkbauten sahen wir dann eine neuartige Mischung von Nationalismus und einem vom Westen importierten Exotismus bzw. Primitivismus. Damals begannen auch der Adel mit dem Sammeln von Altertümern aus nationalem, aber auch aus Familieninteresse.

In der Hauptstadt wurde die polnische Geschichte zu einem wichtigen Thema in den Prunkgemächern des Warschauer Schlosses. Im Gabinet Marmurowy von 1770 wurde das Porträt von Stanisław August von einer Genealogie der polnischen Könige umgeben (S.52). Für die grossen Gemälde der Sala Rycerska von etwa 1780 an liess sich der König von seinem Historiker, Bischof Naruszewicz beraten. Alle sechs Szenen sind um eine Königsfigur gruppiert. Obwohl der Zyklus erst später vollendet wurde, stellt er wohl im europäischen Vergleich das erste grosse Unternehmen dieser Art dar. Allerdings war die Malerei Bacciarellis noch in der atmosphärischen Charakterisierung des Spät-Barock und Rokokos verhaftet und zeigte wenig historisches Detail. Dieses folgte bald in den Chroniken der politischer Ereignisse in den letzten Jahren des polnischen Staates. Jean Pierre Norblin (de la Gourdaine, 1745-1830) war ein französischer Maler, der von 1774 bis 1804 in Polen wirkte, zunächst an den Gartenbauten von Helena Radziwiłł. Es scheint, dass er selbst bei der Verfassungsabstimmung von 1791 und beim Kościuszko Aufstand von 1794 (Tadeusz Kościuszko, auch durch seine Tätigkeit in den USA bekannt) dabei war. Norblins Mal- und Zeichenweise kombinierte die Atmosphärik und Skizzenhaftigkeit der fêtes champêtres und des Rokoko mit dem Genre-Detail der Holländer. Mehr noch als Bellotto zeichnete er eine Fülle von Einzelheiten in einer neuen Art der skizzenhaften Unmittelbarkeit. In vielen Darstellungen setzte er einen besonderen Akzent auf das Polnisch-Einheimische, vor allem bei der Tracht. Das Ergebnis aller dieser Strömungen war einerseits die Etablierung einer Folge von nationalen Ereignissen als eines festen Themas der darstellenden Künste, zum anderen sah man in der genauen Charakterisierung des Details selbst einen nationalen Wert.

Vor allem in Krakau fuhr man bis in die 1820iger Jahre mit den Darstellungen der nationalen Ereignisse fort (etwa in einer Serie von Gemälden im Bischofspalast). Insgesamt aber stagnierte die Kunst im Lande. Neben dem adligen Mäzenatentum beobachten wir zwar die Anfänge eines bürgerlichen Interesses, aber es gab zunächst in Polen keine Akademien oder Museen und wenig Möglichkeiten zur Ausstellung. Die 'geistige Führung' Polens war nach dem 1830/31iger Aufstand vor allem in Paris versammelt, wo die romantischen Epen des nationalen Heroentums verfasst wurden. Es gab in Polen nur wenige Maler eines grossen Klassizismus, und, überraschenderweise, noch weniger die religiöse Malerei in der Art der Nazarener. Piotr Michałowski (1800-1855) war ein Landadliger, der seine Malerei nebenbei betrieb. Als Emigrant in Paris, von 1831 bis 1835, studierte er Delacroix und Géricault. Seine nationalen Themen versah er mit gehörigem Pathos, aber er interessierte sich kaum für das faktische Detail. In seinen Porträts hob er allgemein-menschliche Charaktere hervor. Erst im späten 19. Jahrhundert wurden seine Werke öffentlich geschätzt, vor allem auch wegen ihres lebhaften Pinselstriches. Von den 1840iger Jahren an wuchs die Zahl der Darstellungen polnischer Geschichte, etwa im Werk von January Suchodolski, der sich auf Schlachtenbilder spezialisierte, aber auch diesen mangelte es, nach späterem Urteil, sowohl an würdevoller Darstellung als auch an verlässlichem geschichtlich-geographischem Detail.

Als um 1850 die grossen polnischen Nationaldichter Mickiewicz, Słowacki und Krasiński starben, erhob sich die Frage, ob die Kunstgattung Malerei nun die geistige Führung der Nation reklamieren könne. Mickiewicz und der Kritiker Julian Klaczko meinten, dass die Polen eher zur literarischen Kunst als zur bildlichen veranlagt seien. Einen Auslöser für erneute national-künstlerische Bemühungen bildete dann der Januar-Aufstand von 1863 in Russisch-Polen und seine Folgen, Hinrichtungen, Sibirien, und eine noch schärfere Unterdrückung alles Polnischen. Einige Warschauer Künstler hatten selbst teilgenommen; in Krakau fühlte Matejko sich zutiefst betroffen. Es schien, als ob sich erst jetzt die polnische Malerei voll der 'nationalen Herausforderung' stellte. Man muss daran erinnern, dass auch in anderen europäischen Ländern die eigentliche, 'reife' Historienmalerei erst damals eine grössere Verbreitung fand. Der Klassizismus hatte sich beschränkt aufs menschlich-Allgemeine, während die nazarenische Romantik - wiewohl im Prinzip an der nationalen Geschichte interessiert - einseitig religiöse Hingabe und ritterliche Ausrüstung bevorzugte. Nun aber folgte man der Linie, die von Delaroche und Wilkie über die Belgier, die Düsseldorfer Schule und schliesslich zur Münchner Schule Pilotys führte. Historienmalerei bedeute nun die Feier der Helden, wie auch gelegentlich Mahnung und Warnung (ein altes polnisches Thema). Man benutzt eine breite Skala von klassischen und romantischen Gesten und Mienen, vor allem die des Leidens und Verzweifelns. Malerei und vor allem Graphik produzierten Darstellungs-Serien und konnten darin mit den Epen und Dramen der Nationalliteratur konkurrieren. Das zweite Element der Historienmalerei ist die Art, in der das begleitende Detail, die Trachten, die

Bauten, die Innenausstattung mit immer grösserer Sorgfalt und in erstaunlicher Fülle ausgebreitet wurden, sowie in einer bislang nicht gekannten Variationsbreite, um die jeweilige historische Örtlichkeit 'wahrheitsgemäss' zu zeigen. Wie in der Genremalerei der Zeit ging es um die Genauigkeit des 'Milieus'.

'... In der ganzen Realität, weg von dem lächerlichen und prätentiösen Symbolimus', so hiess es zum Werk des jungen Artur Grottger (1837-1867; Czas 1867 Nr. 297) Grottger studierte und wirkte fast völlig ausserhalb Polens, vor allem in Wien. Seine Themen aber betrafen vorwiegend die polnische Geschichte, vor allem in seinen fünf Zeichnungs-Zyklen, Warszawa I und II, Polonia, Lituania und Wojna (Krieg). Man findet eine Menge von kaum verhüllten Anspielungen auf die polnischen Aufstände, aber als präzise Begebnisschilderungen können seine Werke kaum gelten; als solche wären sie in Polen wohl der Zensur zum Opfer gefallen. Grottger wählte meist Szenen, die starke Gefühle auslösten. Die Kreidezeichnungen orientieren sich zum einen am klassizistischen Karton, zum zweiten an der Intimität der Biedermeiermalerei, wie auch an der Schärfe und zuweilen der Brutalität der neuen Art der Historien- und Genredarstellungen. Von den 1860iger Jahren an nahm die Historienmalerei noch ein weiteres Element hinzu, die Würde und Haltung der Renaissancefigur, vor allem der venezianischen des 16. Jahrhunderts. Fast alle Dargestellten sind nun körperstark und werden ausserdem fast erdrückt von der Menge der Gewänder. Sie handeln nun in äusserst würdevoller Weise, sogar wenn sie in kämpferische Handlungen verwickelt sind. Matejko wurde der Hauptvertreter dieser Richtung in Polen und sein Ruhm stellte andere wichtige und zum Teil sogar etwas frühere Beiträge dieser Art in den Schatten, etwa die des Warschauer Malers Józef Simmler und des hauptsächlich durch Porträts bekannten Henryk Rodakowski.

Bereits in den sechziger Jahren entstanden jedoch neue Fragen: Musste man 'Geschichte' ausschliesslich mit dem grossen Ereignis identifizieren, mit der Heldenfigur, in reich dekorierter Tracht und Umgebung? Sollte man nicht auch Themen malen, die die Masse der Bevölkerung betreffen? Praktisch alle polnischen Aufstände, auch der von 1830, wurden vom Adel angeführt. Die 'polnische Nation', das bedeutete praktisch die polnische Adelsschicht, ihr Heldentum, und ihr "Messianismus". Von etwa 1850 an befanden einige Kritiker, wie Cyprian Norwid, dass das Nationale auch in der täglichen Arbeit des Volkes zu suchen sei. Die neue Bewegung des 'pozytiwizm' bedeutete eine Wendung zur Gegenwart; besonders nach dem 1863iger Aufstand wurde ein heroischer Nationalismus als zwecklos empfunden, und die Hingabe an konstruktive Arbeit - einschliesslich der Schaffung von Kunst - erschien als plausibler Ersatz. Es entsprach dies ganz dem neuen 'Realismus' der kleinbürgerlichen und ländlichen Themen, wie er überall in Europa praktiziert wurde. Eine Zwischenlösung bildete jene Art der Darstellung der bäuerlichen Heimat, bei der die nationalen Helden die Bauern selbst sind, zumal die kämpfenden, mit ihren Sensen, oder auch die leidenden. Sie fügten sich ein in die neuesten Trends des 'Bauern-Realismus' in Paris und St. Petersburg. Józef Chełmoński (1849-1914) stammte aus Warschau und studierte hauptsächlich in München. Von 1875 an lebte er meist in Paris und später auch auf seinem Landgut in Polen. Seinen ersten Ruhm holte er sich vornehmlich mit Bauernszenen. Das Interesse am Detail erfasste nun die Trachten, das Geschirr der Pferde und die Konstruktion der Katen. In Chełmoński's späteren Bildern kommt es zu einer eher melancholisch wirkenden Vereinfachung. Etwas später brachte Ferdynand Ruszczyc (1870-1939), von St.Petersburg beeinflusst, eine noch stärkere Monumentalisierung der gewöhnlichen Landschaft. Andere malten gerne in der Ukraine, wo sie glaubten, dass die slawischen Traditionen sich besser bewahrt hatten. In den 1890iger Jahren fanden die 'heroischen' Bauernszenen eine populäre Anwendung im umfangreichsten Werk der polnischen Malerei, im Panorama Racławicka, das zur Feier einer Schlacht im Kościuszko-Aufstand in Lwów/Lviv errichtet wurde und das man heute in Wrocław sehen kann (S.6).

Aber bald erwuchs aus diesem Zweig des Realismus eine weitere Art der Darstellung ländlicher und vorstädtischer Szenen, in der jede Dramatisierung der Aktionen und Gesten vermieden wurde. Das Nationale konnte nun schlicht mit allen Erscheinungen eines Landes identifiziert werden, zum Beispiel mit der ruhigen Ebene um Warschau, oder auch mit der Stadt selbst und ihren Vororten. Von den Warschauer Brüdern Gierymski galt Maksymilian (1846-1874) als der schöpferischere und Aleksander (1850-1901) als der vielseitigere und theoretisch versiertere. Beide studierten und arbeiteten von 1867/8 an in München. Man könnte sie auch als internationale Pleinairisten und Naturalisten bezeichnen. Doch der Inhalt fast aller Bilder der Brüder ist polnisch; Maksymilian's Piekieta Powstanców gilt als Schlüsselbild der 1870iger Jahre. Es erinnert an den 1863er Aufstand, an dem der Maler selbst teilgenommen hatte, an einen Kampf der kleinen Gefechte ohne äussere Dramatik; es herrscht hier vor allem jenes 'unvergleichliche Gefühl für die polnische Natur und den polnischen Himmel' (Tygodnik Ilustrowany, 1869 Nr. 86 S.87).

Die polnische Maxime jener Jahrzehnte lautete: Kunst als Ersatz für Politik. Aber der Begriff Kunst selbst unterlag einem raschen Wandel. Wanda Nowakowska wies auf die Bedeutung der Jahrzehnte um 1870 für die Entwicklung der polnischen Vorstellungen zur Malerei (Bibl. 19). Eingehende Vergleiche mit der Kunstkritik in München und Paris stehen noch aus. Von den späteren 1850iger Jahren an können wir eine Ausweitung der Kunstszenen verfolgen. Eine Reihe von kulturell ausgerichteten Zeitschriften brachte nun umfangreiche Kunstkritiken. Wir beobachten das Entstehen einer Künstler-Bohème, andererseits die straffere Organisation von Kunstvereinen in Krakau (1854) und Warschau ('Zachęta', 1860). Im Jahre 1873 verselbständigte sich die Krakauer Szkoła Sztuk Pięknych [Schule f. Schöne Künste], die bisher zum Instytut Techniczny gehört hatte. Matejko wurde ihr Direktor. Die polnischen Kritiker registrierten eingehend die ausländischen Kommentare zu Ausstellungen ihrer Künstler, etwa Matejkos Erfolge auf der Wiener Weltausstellung von 1873. Offensichtlich gab es jetzt eine 'Szkola Polska'. Die oben erwähnten, von Literaten erhobenen Zweifel an der Effektivität einer polnischen bildenden Kunst gaben immer wieder Anlass, die Bedeutung der Malerei als solcher, und gar ihre Vorzüge gegenüber der Literatur zu betonen, zum Beispiel die Tatsache, dass sie keine Dolmetscher brauche. Bald wurde daraus die Hervorhebung einer quasi-unabhängigen Rolle der Malerei. Sie habe 'ihre eigenen Existenzbedingungen', und von dort war es nur ein kleiner Schritt zur Betonung der Autonomie der Mittel, 'Form, Licht, Luft, Farbe [ruch form, światła, powietrz, barw]', und schliesslich kam es zu dem Motto: 'nie co... ale jak', nicht das Was, sondern das Wie (Tygodnik Illustrowany 1869, Nr.86, S. 87; 1875, Nr. 377, S.185; 1867, Nr.386, S.78). Maksimilian Gierymski betonte die 'rein malerischen Effekte', und Matejko wurde gelobt für sein 'koloryt'; 'Farbe ohne Rekurs auf die Darstellung des Objektes', wie es der Philosoph H. Struve im Jahre 1886 formulierte.

Von den 1880iger Jahren an entwickelte Stanisław Witkiewicz (vgl. S.5,82) diese Gedanken weiter. Die Welt der bildenden Kunst in Polen erweiterte sich beträchtlich (während in anderen Bereichen die kulturelle Repression der ausländischen Mächte anhielt). Das bürgerliche Mäzenatentum trat hervor, aber der Adlige als Sammler starb keinewegs aus. Der Maler erschien nun nicht mehr als Diener des Auftraggebers, in der Tat, einige der Maler stammten selbst aus dem niederen Adel, bzw. erwarben einen entsprechenden Status. Józef Brandt verbrachte seine Ferien gewöhnlich auf seinem polnischen Landgut. Schliesslich kam es im Jahre 1891 auf der Internationalen Berliner Kunstausstellung zur de facto Anerkennung der polnischen Kunst, als polnische Maler zusammen unter dem Namen Polen erschienen, und nicht einzeln unter dem der jeweiligen Besatzungsmacht.

All dies bedeutete jedoch nicht ein Verschwinden der älteren Arten des kulturellen Nationalismus. Es ging immer noch, oder bald wieder 'um den Aufruf tiefer Gefühle' und sogar 'um die Suche nach der Übertragung des Unbewussten' (Niwa 1873 Nr.47, S. 264-5). Das Wort national wurde häufig verbunden mit dem Wort 'duch'-Geist, Seele. Die Dichter der Romantik lieferten weiterhin Stoff für Bilder. Ein Maler von erstaunlicher internationaler Vielseitigkeit war Witold Pruszkowski (1846-1896), der von St. Petersburg über München nach Paris wanderte und Elemente der Malerei Böcklins wie Manets verwandte. Im Jahre 1879 erregte er Aufsehen mit seiner Darstellung von superrealen Elementen im 'Tod des Anhelli'. In dieser aus einem Epos von Słowacki übernommenen Geschichte erscheint ein Engel über dem im Schnee Sibiriens sterbenden polnischen Soldaten Anhelli ('Śmierć Anhellego', Museum, Irkutsk). In den frühen 1890iger Jahren schwenkte Pruszkowski in die Bahn des neuen Symbolismus ein, der faktisches Detail vernachlässigte und sich auf Gemütszustände konzentrierte. Als Mittel der Darstellung dienten nicht Allegorien oder Symbole, d.h. Zeichen der traditionellen Art, sondern intensivierte Lichteffekte sowie reine Farben in eher ungegenständlicher Formation.

Für die Avantgarde bedeutet dies das Ende des Historienbildes und der realistischen Landschaft. Die Idee des Bildes als eine Sammlung von faktischen Details und als eine direkte Moralpredigt wurde nun verworfen. Obgleich Matejko als Lehrer heiss verehrt wurde, bewertete man nun seine Bilder als eher zur 'Historie' als zur Malerei zugehörig. Symbolismus, Neo-Romantik, Subjektivismus, Lyrismus, Intensivismus, Luminismus, Psychologismus, das waren einige der Ismen, die um und nach 1900 im Schwange waren. Es ging um die Konzentration auf das 'Wesentliche'; dieses konnte in mythischer, grotesker, märchenhafter oder primitivistisch-folkloristischer Verkleidung erscheinen. Es gab kein Erlahmen des Interesses an den nationalen historischen Geschehnissen. Aber diese wurden nun meist durch mythische oder halbmythische Figuren personifiziert, wie etwa durch den mittelalterlichen König Bolesław Śmiały [der Tapfere]. Die wichtigste Unterabteilung der nationalen Ikonographie blieb die polnische Landschaft und mehr und mehr auch das Stadtbild, aber auch diese wurden oft radikal formal vereinfacht und zuweilen mythologisiert. Die verschwommen-atmosphärische 'malowniczość' der früheren Jahrzehnte wich nun vielfach einer Malweise mit klaren Umrissen und kontrastreichen Farben. Die Groteske und das Märchenhafte verband die hohe Literatur auch mit dem Volkstümlichen (vgl. Z.Stryjeńska, S.88). Die Persönlichkeit des Künstlers rückte noch mehr in den Mittelpunkt. Ein Ideologe der extremen künstlerischen und persönlichen Unabhängigkeit war Stanisław Przbyszewski, ein immens geschätzter Kritiker und Bohemien, der nach seinem spektakulären Aufenthalt in Berlin von 1898 an für einige Jahre in Krakau residierte.

Das Anfangsdatum der polnischen Moderne lässt sich natürlich schwer genau bestimmen. Władysław Podkowiński, und Józef Pankiewicz und Władysław Ślewiński, waren die ersten, die sich zum Impressionismus wandten, obgleich sie nicht lange dabei blieben. Gauguin beeinflusste nachhaltig Wyspiański und Józef Mehoffer (1869-1946). Der vielseitige Kolorist Leon Wyczółkowski (1852-1936, S.5,7), war später hauptsächlich als Grafiker tätig. Witold Wojtkiewicz (1879-1909) und seine grotesken Märchen-Themen waren anfänglich wohl von englischen Kinderbuch-Illustrationen beeinflusst. Olga Boznańska (1865-1940), die zunächst in München und von 1898 hauptsächlich in Paris lebte, sowie der Warschauer Stanisław Lentz (1861-1920) waren vor allem durch Porträts bekannt, aber ihre Methoden unterschieden sich beträchtlich: Lentz hebt die harten Züge der in der Revolution von 1905-6 streikenden Arbeiter hervor, während Boznańska bekannt wurde für die Art, in der sie, mittels Erweichung der Augen, in die Psyche ihrer meist weiblichen Porträtierten eindrang. Bei dem hauptsächlich in St. Petersburg ausgebildeten Konrad Krzyżanowski (1872-1922) werden die Menschen oft im Zustand äusserster Erregung gezeigt. Am erfolgreichsten waren jene Maler, die überzeugend ihre persönlichen Mythologien mit den nationalen verquickten, allen voran Malczewski und Wyspiański. Abgesehen davon aber verkörpern die beiden ganz entgegengesetzte Tendenzen. Malczewski personalisierte eine romantisch-dionysische Art der lebensnahen Mythologie, oft schockierend in ihrer physischen Präsenz, die später zur Hyperrealität des Surrealismus oder zur aggresiven Groteske führte. Wyspiański hingegen unterwarf alle Gegenstände seiner Malerei, gleich ob beseelt oder unbeseelt, einer träumenden Art des Daseins und einem abstrakten Fluss der Linien und kolorierten Flächen und schuf somit ein Kontinuum des Dekorativen, das auf eine unverbindliche Art der abstrakten Malerei vorausweist.

Die polnischen Künstler und ihre Kritiker waren nicht weniger bewandert in der komplexen Welt der europäischen Kunst als ihre Kollegen in den anderen nicht-zentral gelegenen Ländern. Viele Polen lebten in unabhängiger Existenz fast die ganze Zeit im Ausland. Auch für Polen war nun Paris der Hort der Kunst schlechthin. Die polnischen Künstler der Zeit um 1890 bis 1914 schienen nun weniger darauf erpicht, ihre eigene Kunst im Westen bekannt zu machen. Es fehlte an stosskräftigen Sezessionsbewegungen. Die Gruppen 'Sztuka' (Towarzystwo [Gesellschaft] Artystów Polskich 1897) und Młoda [Jung] Polska, beide 1897 gegründet, müssen natürlich im Zusammenhang mit ähnlichen Gruppen in vielen Zentren Europas gesehen werden (obgleich der Ausdruck Junges Polen hauptsächlich als Erinnerung an eine in Bern 1830 gegründete Exilbewegung dienen sollte). Ein Avantgarde-Kunst-Journal, Życie [Leben], begann ebenfalls im Jahre 1897 sein Erscheinen. Die Krakauer Kunstwelt muss zu den lebendigsten jener Zeit gezählt haben, aber sie war wesentlich kleiner als die Budapests, Prags oder gar Wiens. Wichtiger war jedoch wohl die Tatsache, dass Polen an dem damals so verbreiteten Antagonismus zwischen Avantgarde und altmodischem Akademiekünstlertum kaum teilnahm. Letzteres hatte ja in Polen nie die Macht und Breite gewonnen wie anderswo. Alle Künstler waren sich der überragenden Bedeutung der nationalen Themen bewusst. Gleichzeitig galt die Bohème, die 'cyganeria' - die Zigeunerei - als selbstverständliche Künstlerische Lebensweise. Der jung verstorbene Wyspiański erhielt bereits ein Heldenbegräbnis. Es fällt auf, dass in Polen weniger als anderswo Künstlergruppen 'protestierten' und Manifeste produzierten. Und da die Geschichte der modernen Malerei hauptsächlich um solche Gruppen herum verfasst wurde, nahm man die polnischen Maler darin nicht auf. Erst in der Welle des Konstruktivismus in den 1920iger Jahren trat Polen offiziell in die internationale Avantgarde ein.

a

Marcello BACCIARELLI:
Warschau, Königsschloss, Sala Rycerska (Rittersaal/Vorzimmer der Senatoren), beg. um 1780.
(a) Kazimierz Wielki erhört die Bitten der Bauern 1347.
(b) Die Verleihung von Privilegien an die Krakauer Jagiellonen-Universität 1400.
(c) Die preussische Huldigung 1525 (vgl. S. 66).
(d) Unia Lubelska (Vereinigung von Polen und Litauen) 1569.
(e) Der Friede von Chocim 1621.
(f) Jan Sobieski vor Wien 1683.
(g) Zeichnung: Hilary Szpilowski 1809, BUW.

Jean-Pierre NORBLIN:
(a) Abstimmung über die Verfassung am 3 Mai 1791 (vgl. S. 67), MNW.

(b) Polonaise, MNK.

(c) Bauer auf Schlitten, vom Markt zurückkehrend, aus der Serie: Zbiór Rozmaitych Strojów Polskich / Costumes Polonaises, 1817.

Piotr MICHAŁOWSKI:
(a) Schlacht bei Somosierra (Napoleon siegt 1808 in Spanien mit Hilfe polnischer Soldaten), um 1835-7, MNK.

(b) Selbstporträt, um 1840, MNW.

(c) Seńko, 1846, MNK.

Artur GROTTGER :
(a) Segnung. - (b) Bauern und Adel. - (c) Warschauer Juden. - (d) Eines von Tausenden von Opfern.
(e) Witwe. - (f) Schliessung der Kirchen (alle aus 'Warszawa I', 1861, Muzeum Narodowe Wrocław). (g) Zeichen. (h) Kampf (beide aus 'Lituania', 1864, MNK).
(i) Schon nichts als Elend (aus: 'Wojna', 1866, Muzeum Narodowe Wrocław). - (k) Sensenschmieden (aus 'Polonia', 1863, Szépmüvészeti Múzeum Budapest).

JAN MATEJKO (1838-1893) kam in Krakau zur Welt und starb dort; er wirkte nicht im Exil. Aus bürgerlicher Familie stammend, studierte er Malerei in Krakau, dann, mit kaiserlichem Stipendium, kurz in München bei H.Anschütz und Wilhelm von Kaulbach (1858/59) und schliesslich ebenfalls kurz in Wien. In der ersten Phase eher venezianisch-dunkel, hellte sich seine Malerei später, wie die mancher Wiener Zeitgenossen, spätbarock auf, wobei die Schärfe des Details eher noch zunahm. Matejko wurde zu einem der Schwerstarbeiter der Historienmalerei, sein enormes Werk schloss allein 10 Riesenkompositionen ein. Er begann stets mit einer Sammlung von Details zum historischen Ort, meist in der antiquarischen Welt seiner eigenen Stadt (S.7), sowie mit einem Studium der schriftlichen Quellen. Seine Darstellungen - wie er es selbst erläuterte - konzentrieren sich zunächst auf einen bestimmten Moment der Begebenheit, danach richtete sich die dramatisch-psychologische Charakterisierung der Personen, vor allem ihrer Gesichter; um diese herum breitete er ein Bild der Epoche aus, das Bauten, Kostüme und die Kennzeichnung der verschiedenen Gesellschaftsschichten einschloss. Viele seiner früheren Bilder enthalten historisch-moralische Predigten; später ging es mehr um die Feier der polnischen Erfolge. Matejkos eigene Erfolge waren überwältigend. Haupt des Krakauer Kunstlebens (Direktor der Akademie, Ehrendoktor der Universität), erhielt er 1878 (nach Vollendung des Grunwald-Bildes, sein grösstes, fast 10x4 Meter) einen eigens von der Stadt erfundenen Titel, d.h. ein Szepter, 'als Zeichen der Herrschaft in der Kunst': der Künstler Matejko als der polnische Ersatzkönig. Dazu kam der internationale Ruhm und Medaillensegen; sogar die grössten Bilder reisten herum, sowohl nach Paris, wie auch in die Hauptstädte der polnischen Besatzungsmächte. Viele der wichtigsten Künstler der nächsten Generation waren seine Schüler. Zwar lehnten die fortgeschrittenen unter ihnen seine Malweise bald ab, (vgl. S.102) aber das tat der bis heute andauernden Popularität seiner Bilder keinen Abbruch.

Jan MATEJKO:
(a) Selbstbildnis, 1892, MNW.
(b) Stańczyk; Königin Bona feiert den Sieg bei Orsza (vgl. S. 35); ihr Hofnarr Stańczyk denkt an den Verlust von Smolensk: Allegorie der polnischen Selbstkritik.
(c) Innenansicht der Gruft von König Kazimierz Wielki (vgl. S. 30), 1869, MNK.

Jan Matejko: Stefan Batory bei Psków, Ausschnitt (vgl. S. 67).

Jan MATEJKO:

(a) Die Schlacht bei Tannenberg/Grunwald, 1872-5, MNW. Der polnische Sieg über den Deutschen Orden 1410; vgl. S. 92, 102.

(b) Die Sigismundglocke (Krakau, Wawel 1521), 1874, MNW (vgl. Titelblatt).

(c) Die preussische Huldigung (Hołd Pruski), 1882, MNK. Herzog Albrecht von Hohenzollern-Brandenburg (zugleich auch letzter Hochmeister des Deutsch-Ritterordens) leistete 1525 dem polnischen König Zygmunt Stary den Lehnseid.

Jan MATEJKO:

(a) Stefan Batory bei Psków, 1872, MNW. Eine erfundene Szene aus dem russischen Feldzug des Königs.

(b) Tadeusz Reytan im Sejm, 1866, ZKW. Der Abgeordnete versuchte - vergeblich - zu verhindern, dass der Sejm die erste polnische Teilung von 1772 billigt.

(c) Die Verfassung vom 3. Mai 1791, 1891, ZKW. Nach der Abstimmung betritt der König die (heutige) Kathedrale (vgl. S. 61).

(a) Maksymilian Gierymski: Weg in der Nacht, um 1873.

(b) Maksymilian Gierymski: Posten der Aufständischen, um 1873.

(c) Ferdynand Ruszczyc: Pflügen, 1898.

(d) Józef Chełmoński: Rebhühner, 1891

(alle MNW).

Aleksander GIERYMSKI:

(a) Sandgräber, 1887, MNW.

(b) Im Altan, 1882, MNW.

(a) Władysław Podkowiński: Taumel der Leidenschaften (Szał uniesień) 1894, MNK.
(b) Witold Wojtkiewicz: Pflügen, 1905, MNW.
(c) Stanisław Lentz: Streik, 1910, MNW.
(d) Konrad Krzyżanowski: Stanisław Przybyszewski, Zeichnung, 1901.
(e) Leon Wyczółkowski: Selbstbildnis, 1908, MNK.
(f) Olga Boznańska: Anna Sariusz-Zaleska, 1899, MNM.

SEITE 71 (nebenstehende Seite): Leon Wyczółkowski: Mnich nad Morskim Okiem (Bergsee in der Tatra), Pastell, 1904, MNK.

Witold PRUSZKOWSKI:

(a) Sibirien, um 1893, Lvivska Kartynna Galarja, Lviv. Der Pfahl markiert die Grenze zwischen Europa und Asien.

(b) Vision, 1890, MNP.

JACEK MALCZEWSKI 1854-1929. Geboren in Radom, wuchs auch Malczewski in einem städtischen und kunstverständigen Haus auf. Er studierte in Krakau, in Paris und in München (1885/6); später lehrte er in Krakau und starb dort hochgeehrt. Durch Ausstellungen in den 1980er Jahren wurde er zum bekanntesten polnischen Künstler im Westen. Man wies auf Parallelen mit Böcklin, Segantini und Stuck und vor allem auch mit Klinger, mit dem Malczewski die erstarrte Realität und die Ko-Existenz von inner- und ausserweltlichen Kreaturen gemein hat, sowie mit Corinth und seinen manischen Selbstporträts. Andererseits kann man Malczewski keinem der Ismen jener Zeit zurechnen; nachdem sich seine Farben in den 1890iger Jahren aufgehellt hatten, veränderte sich seine Malweise kaum noch. Eine Serie von oft wiederkehrenden Themen beherrscht auch den Inhalt: Das Thema der 'Sybiracy' - die Leiden der nach Sibirien verbannten Polen (z.T. aus den Dichtungen Słowackis entlehnt); die 'Melancholie' zeigt im Traum des Künstlers den Lebenszyklus als schwebende Gestalten, was zugleich den Gang der Entwicklung Polens im 19. Jahrhundert darstellen soll. Später beherrschen meist wenige, körperstarke Figuren das Bild, der Maler selbst, bzw. die überhöhte Kuppel seines Schädels und die ihn umgebenden üppigen weiblichen Körper der Harpyen und Chimären. Das Porträt Reymonts stellt den Dichter des Nationalromans Chłopi (Die Bauern) dar; Malczewskis Landschaftsbilder sind aber sonst kaum als polnisch-bäuerlich zu bezeichnen. Es beginnt hier ein Trend des Grotesken und des fast Surrealen, der vor allem in der späteren polnischen Grafik oft zu finden ist.

Jacek MALCZEWSKI:

(a) Selbstbildnis mit Hyazinthe, 1902, MNP.

(b) Frühling, Landschaft mit Tobias, 1904, MNP.

Jacek MALCZEWSKI:

(a) Fusswaschung, 1887, MNP.

(b) Melancholie, 1890-94, MNP.

(c) Selbstbildnis mit Rüstung, 1914, MNW.

(d) Augenblick der Schöpfung, 1907, Privatslg.

(e) Władysław Reymont 1905, MNW.

Stanisław Wyspiański: Rhapsode aus dem Drama 'Bolesław Śmiały' 1904, Muzeum Śląskie, Katowice.

Stanisław WYSPIAŃSKI, 1869-1907, stammte aus einer Krakauer Künstlerfamilie und nahm früh die kunsthistorische Atmosphäre der Stadt sowie die Lehre Matejkos auf. Aber den Stil von Malerei und Zeichnung holte er sich im wesentlichen aus Paris, wo er sich 1892/3 und 1894 aufhielt. Wichtiger als seine Studien an der Académie Colarossi waren seine Begegnungen mit dem Kreis Gauguins und der Einfluss Toulouse-Lautrecs. Wyspiański nahm dann viele Elemente des frühen französischen Art Nouveau auf, besonders die Pflanzenstilisierung (Eugène Grasset); auch Wyspiański trieb botanische Studien, die nicht nur in seinen zahlreichen dekorativen Entwürfen von Einfluss waren. Zurück in Krakau, wo er später auch lehrte, verband er die neue Malweise mit der Erinnerung an seine frühen Veit Stoß- und Dürer-Studien; in männlichen Porträts dominiert der Einfluss der letzteren. Dazu kamen wohl noch Anregungen von Munch, vermittelt durch den Berlin-Krakauer Kritiker Stanisław Przybyszewski. Wyspiański malte einerseits intime Pastellbilder seiner Familie, wobei er zuweilen sein gesundes Weib bäuerlicher Herkunft und seine pausbackigen Kinder mit seinem eigenen kränklichen Aussehen kontrastierte.

In seinen Landschaften praktizierte er eine informelle Art der Mystik, etwa bei der Anthropomorphisierung der strohumhüllten Pflanzen im Park. Zum anderen entwarf Wyspiański Kirchenfenster mit Riesengestalten der Religion und der nationalen Mythologie. Hier erinnert er manchmal an die gleichzeitige wilheminische Kunst, aber das Hehre, das zuweilen Wagnerische Pathos wird meist durch eine gewisse Übermonumentalität, durch Elemente der Groteske eingeschränkt (vgl. S. 102). Der extrem vielseitige Wyspiański war ausserdem Polens wichtigster Dramatiker, Regisseur und Bühnengestalter in jener Zeit, wobei er wiederum nationale Themen einerseits biographisch auslegte, andererseits in märchenhaft-volkstümlichen Mysterienspielen verbrämte, ironisierte oder ins expressionistisch-groteske steigerte. Als Jugendstil-Allround-Künstler (S.89) hatte Wyspiański nur wenige seinesgleichen; in einem breiten Themenkreis und in vielfältiger Anwendung ist seine eigene Formensprache als Maler, Zeichner und Ornamententwerfer immer sofort erkennbar. Einige von Wyspiańskis Bildern wurden schnell populär; andererseits repräsentierte er wie kein anderer die Exklusivität des Krakauer Künstlerkreises.

Stanisław WYSPIAŃSKI:

(a) Selbstporträt, 1902, MNW.

(b) Selbstporträt mit Gattin, 1904, MNK.

(c) Köpfchen der Helene, 1900, MNK.

(d) Mädchen mit Krug, 1902, MNK.

(e) A. Lange, 1899, Ausschnitt, MNK.

(f) Strohpuppen, 1898, MNW.

Stanisław WYSPIAŃSKI:

(a) Polonia, Glasfenster-Entwurf für die Kathedrale in Lwów, 1894, MNK.
(b) Gott als Schöpfer, Glasfenster, Krakau, Franziskanerkirche, um 1897-1902, MNK.
(c) Dekoration der Franziskanerkirche, Krakau, nach 1897.
(d) Lithographie nach dem Glasfenster im Haus der Medizinischen Gesellschaft, Krakau, 1904, MNW.

Józef MEHOFFER:

Freiburg im Uechtland (Fribourg), Schweiz, Kathedrale, Glasfenster (Ausf. Atelier Kirsch & Fleckner):

(a) St. Peter, St. Johannes, 1895.
(b) St Moritz, Sebastian, 1899.
(c) Epiphanie, 1904.
(d) St. Katharina und St. Barbara (Detail), 1899.

DIE KUNST DES 20. JAHRHUNDERTS

Epochenbezeichnungen und Zäsuren zwischen Kunstperioden sind notorisch ungenau. Viele der gerade vorgestellten Werke, mit ihren symbolistischen oder proto-surrealistischen Formsprachen und Farben sowie neuen psychologischen Deutungen kann man getrost in die Moderne einreihen. Ja, man könnte deren Beginn bereits in die 1860er Jahre zurückverlegen, als Matejko eine vorher nicht gekannte Macht des einzelnen Künstlers entfaltete und sich zudem in neuartiger Weise an die Nation als Ganzes wandte. Auch in der vorliegenden Auswahl gilt die Moderne noch als Oberbegriff. In Polen, wie anderswo, enthielt diese Bewegung viele unterschiedliche Inhalte und Ziele: kosmopolitische und nationale, Utopien und Traditionen, künstlerische Autonomie und gesellschaftliche Bindung. Die moderne Bewegung erfasste immer weitere Kunstgattungen. Dabei betonte man einerseits, wie etwa bei den 'künstlerischen Handwerken' und der Plakatkunst, eine neue Autonomie und Gleichrangigkeit mit der traditionellen 'hohen Kunst'; andererseits vermischten sich zunehmend die Techniken. Die hier bewahrte traditionelle Einteilung der bildenden Kunst ergibt von den 1970iger Jahren an nur noch wenig Sinn. Im ganzen lässt sich wohl sagen, dass in Polen, mit seinen häufigen Krisen der politischen Identität und Souveränität, die Kunst, d.h. die Überzeugungskraft jeweils neuer Bewegungen in der Kunst (gleich, ob im einzelnen national oder international orientiert) gesellschaftlich eine grössere Rolle spielte, als etwa in den grossen, 'alten' Ländern wie Grossbritannien und Frankreich. Die Überzeugungskraft, die eine jede neue Kunstbewegung forderte, und die Freiheit, die sie für sich beanspruchte, waren stets auch auf die Politik ausgerichtet. Der Künstler der Moderne reihte sich ein in die Proteste gegen ausländische oder inländische Mächte. Man muss aber auch an jene Zeiten erinnern, in denen die moderne Kunst mit einem ungeliebten Regime relativ friedlich ko-existierte. Im vorigen Kapitel wurde von einem direkten, oder zumindest einem plausiblen Zusammenhang zwischen Politik und Malerei gesprochen; in der Epoche der neuen Unabhängigkeit nach 1918 war die Situation komplexer.

ARCHITEKTUR UND KUNSTGEWERBE

In gängigen westlichen Werken zur modernen Architektur wird der polnische Beitrag niemals erwähnt. Liegt dies darin begründet, dass die polnischen Künstler und Auftraggeber nicht über die neue, mächtige Art der Publizität, die international verbreitete Kunstzeitschrift verfügten? Oder war es die einfache Tatsache, dass die ersten Historiker der modernen Bewegung aus dem deutschen Sprachgebiet stammten? Der Anfang der Moderne ist auch in Polen bei der 'Kunstgewerbe-Bewegung' zu suchen: Sztuka zdobnicza - schmückende Kunst, sztuka stosowana - angewandte Kunst, rzemiosło artystyczne - Kunsthandwerk und später wzornictwo przemysłowe - industrielles Design. Die Anfänge lagen auch hier in Galizien, gefördert durch die k.u.k. Regierung, die damals allen Regionen ein Mass von Autonomie auf den Gebieten der Wirtschaft, Kultur und Erziehung gestattete. Im Jahre 1868 wurde in Krakau das Muzeum Techniczno Przemysłowe [industriell] eröffnet. Die Anregungen kamen teilweise vom Londoner South Kensington Museum, sowie von den mehr ökonomisch ausgerichteten, frühen deutschen 'Gewerbe Museen'.

Die Förderung einer lokalen Industrie hatte eine besondere Bedeutung in Polen, einem Land, das traditionell fast alle Luxusgüter importierte. Wie in anderen ost-mitteleuropäischen und in skandinavischen Ländern spielte bald eine entscheidende Rolle die Volkskunstbewegung. Bereits in der Einleitung wurde die Bedeutung dieser Strömung für die 'nationale' Definition der Kunst generell behandelt (S.51). 'Volks-' oder 'Bauernkunst' sind natürlich in sich problematische Konzepte. Tatsache war zunächst, dass im späteren 19. Jahrhunderts der polnische Bauernstand zu einem vorher nicht gekannten Wohlstand gelangte, was teilweise aus der Aufhebung der Leibeigenschaft in den 1860iger Jahren resultierte und zunächst nichts mit der 'Entdeckung' der Volkskunst durch Intellektuelle und Künstler zu tun hatte. Dabei übernahmen die Bauern Elemente bürgerlicher und sogar adliger Kultur, - während die Volkskundler nur die 'primitiven' oder 'slavischen' Elemente sehen wollten. Diese Bewegung nahm ihren Ausgang in Zakopane. Die 1876 gegründete Handwerkerschule im Zentrum des Tatra-Tourismus konzentrierte sich auf Souvernirwaren im damals weit verbreiteten 'Schweizer' oder 'Tiroler' Stil. 1887 schloss sich dort Stanisław Witkiewicz diesen Aktivitäten an. Er gründete dies auf ein eingehendes Studium der alten lokalen Handwerksmethoden. Seine frühen Möbelentwurfe aus den 1890iger Jahren benutzten weitgehend die Technik der Kerbschnitzarbeit. Freiere Versionen des 'Zakopanestils' finden sich bei Wyspiański, in ernsten und schweren Formen, die eher seinen mythologischen Gemälden als seinem spielerischen Jugendstil-Blumendekor entsprachen. Nach 1900 entstanden in Krakau eine Reihe von Institutionen der Kunstgewerbereform, wie die Towarzystwo [Gesellschaft] Polska Sztuka Stosowana (1901) und das Muzeum Techniczno-Przemysłowe (1909), wie auch 'Werkstätten' des neuen englisch-deutsch-österreichischen Typs (Warsztaty Krakowskie, 1913-1926), wobei man sich bald vom Jugendstil abwandte, etwa in den geometrischen Möbeln von Karol Tichy.

Teodor Talowski (1857-1910) forderte die neue Art der Freiheit des Künstlertums auch für den Architekten. Er manifestierte diese Einstellung in den Fassaden seiner Häuser in Krakau, die er in der Art des späten Eklektizismus mit einer Fülle von unerwarteten Motiven und Inschriften ausstattete. Witkiewicz erklärte die 'primitiven' hölzernen Konstruktionsmethoden der Tatra zum wesentlichen polnischen Nationalstil ('Styl Zakopiański'). Das moderne dabei war, dass Witkiewicz unter Stil nicht zum wiederholten Mal eine Suche von Dekorationsmotiven verstand, sondern eine Analyse der Konstruktionsprinzipien, der Oberflächengestaltung und abstrakt-formalen Elemente der Bauten versuchte. Der Wert des Stils lag primär in der rationalen Konstruktivität der Bauten, ihrer Eignung für das Klima und in der 'Primitivität' und 'Einfachheit' der Formen (S. 5). Von den frühen 1890iger Jahren an, als Witkiewicz zunächst eine Reihe von Häusern für seine Freunde in Zakopane entwarf, breitete sich der Stil auf die Vorortvillen vieler polnischer Städte aus. Wie bei allen diesen neuen 'Primitivismen' wurden dabei Formen der Unterschicht mit dem Habitus der künstlerischen, und damit der bürgerlichen Eliten verbunden. Seit etwa den 1960iger Jahren benutzen unzählige private Vorortvillen die oft bewegten Dachformen des Zakopanestils wiederum als ein untrügliches Zeichen des Polnischen.

In starkem Kontrast zu dem neuen Nationalstil stand in den Jahren 1900 bis um 1910 der betont internationale 'Secesja'-Stil, vor allem an den Fassaden neuer Bauten für die Künste in Krakau, aber auch für unzählige städtische Wohnbauten. Die Formen der Dekoration, etwa bei wohlerhaltenen Häusern in Lemberg/Lwów, entsprachen mehr einem allgemeinen mitteleuropäischen Jugendstil als speziell den Formen der Wiener Sezession. Von etwa 1907-9 an wurde er jedoch verdrängt von neuen Versionen der Klassischen, bzw. klassizistischen Stile. Dieser wurde auch bald für Vorort-Villen verwandt, wo man nun vom 'styl dworkowy' sprach (dwór: der kleine polnische Gutshof). Es vermischen sich hier bäuerliche und adlige Elemente, was dem damaligen deutschen Trend der 'landesfürstlichen Bauweise' bei Siedlungsbauten, aber auch dem Neo-Biedermeier entsprach. Die russische Revolution von 1905-7 bescherte den Warschauern ein gewisses Mass an kultureller Autonomie. Die Architekturszene der Stadt hellte sich auf, in dem Sinne, dass eine Reihe von jungen Architekten und ihre Zeitschriften (Przegląd Techniczny) intensiv nach dem Westen schauten und zunächst in Zeichnungen (z.B. Adam Ballenstedt) eine Serie von Experimenten unternahmen. Es kam zu Beziehungen mit der streng geometrischen Romanik der Karlsruher Schule. Oskar Sosnowski (1880-1939) verband sie mit der Schwere der nördlichen Backsteingotik, mit der Kuppelgruppierung der polnischen Renaissance und schliesslich mit den komplizierten Raumfigurationen spätbarocker Gewölbe. Das Resultat ist jedoch nicht, wie im 19. Jahrhundert, ein Nebeneinander von verschiedenen Ornamentstilen, sondern ein Verschmelzen aller Elemente in eine schwere Mauermasse. Sosnowski war stark national orientiert, aber dies bedeutete für ihn nicht die Wahl eines bestimmten historischen Stils, sondern gewisse 'abstrakte' Formen, wie die massive Mauermasse oder die Bündelung vertikaler Linien; in Analogie zur neuen symbolistischen Malerei und Farbgebung sollten diese Formen Emotionen hervorrufen. Sosnowskis Werk gemahnt an gleichzeitige Bauten Poelzigs und später an andere Trends des Expressionismus.

Von den frühen Jahren des Jahrhunderts an hat es in Krakau und Warschau eine Menge von Experimenten im Stahlbetonbau gegeben und einige der polnischen Lösungen stehen den sehr viel bekannteren Bauten in Breslau kaum nach. Vor allem in Warschau entstanden enorm hohe Mietshäuser in verkleidetem Betongerüst. Der Poniatowski-Viadukt war mit über 800 Metern Länge seinerzeit die längste Konstruktion dieser Art in Europa. Er verbindet die Brücke gleichen Namens mit dem höher gelegenen Zentrum der Stadt. In dieser Weise entsteht eine lange und breite Magistrale, die entfernte Teile der Stadt räumlich mit dem Zentrum verbindet; das Ganze stellt also auch eine städtebauliche Leistung hohen Ranges dar. In den 20er Jahren greift auch Sosnowski zum Beton in seinen an Auguste Perret gemahnenden Kirchengewölben. Eine Reihe weiterer Pioniere der Jahre vor 1914 beherrschte die Architekturszene der 20er Jahre, etwa Adolf Szyszko-Bohusz (1883-1948) und Jan Koszczyc-Witkiewicz (1881-1958), beide weiterhin vom Geist des Experiments beseelt. Ersterer lieferte eine Anzahl von fast aggressiven Variationen des Barock, letzterer widmete sich mehr der Kombination von Betongerüst und Art Deco-Formen.

Internationale Anerkennung fand Polen vor allem mit dem Beitrag zur Pariser Ausstellung von 1925. Es handelte sich zunächst um ein Beispiel eines - von der Ausstellungsleitung geforderten - engen Zusammenwirkens aller Künste und Handwerke. So erscheint die Aussenarchitektur des Pavillions als etwas Zierliches, Kunsthandwerkliches, während in der Skulptur ein gewisser Grad der Roheit herrscht. Alle Formen scheinen dem gleichen Stil anzugehören; dieser Stil (heute Art-Deco genannt) aber besteht aus einer Kombination einer ganzen Reihe von Elementen: Zunächst war da die 'Volkskunst' - hier fühlten sich Westeuropäer an das 'Russische Ballett' erinnert (das ja seinerseits auf einer der Zakopane-Schule ähnlichen Bewegung basierte); die Facettierung der Formen war dem Kubismus entlehnt, entsprach aber auch der mitteleuropäischen 'expressionistischen' Dekoration jener Zeit. Die teilweise Betonung von roher Oberfläche, vor allem des Holzes, kam aus den Arts & Crafts- und Kunsthandwerks-Bewegungen; die fröhliche Farbe überall war zugleich volkstümlich und modern.

Wohl der grösste Erfolg lag in der Weise, in der die Designer das Volkstümliche mit einer weiteren, von den französischen Organisatoren geforderten Qualität verbanden, der Eleganz. Die Polen stellten zufriedenstellend fest: 'Wir können alle ausländischen Missdeutungen bezüglich der Produkte unserer nationalen Arbeit zerstreuen' (1928, J.Warchałowski, Bibl. 24); mehr noch, man kann den polnischen Pavillion als 'einen Ausdruck des [neuen] polnischen Staates mittels Design' ansehen (D.Crowley, Bibl. 21). Es war das erste Mal, dass Polen sich im Ausland explizit mit seiner 'Volkskultur' zeigte, in der Art, wie es viele, besonders die kleineren europäischen Kulturnationen praktizierten. Die Polen verfolgten jedoch diese Linie kaum weiter, zumindest ausserhalb ihres Landes wollten sie eher ihre Teilnahme an der gesamteuropäischen Avantgarde-Kunst demonstrieren. Folklore-Design, etwa wie es von der Warschauer Gruppe Ład ('Ordnung') und, in der Zeit nach 1945, von der Firma Cepelia praktiziert wurde, nahm in der Rangordnung der Kunst einen Platz unterhalb der Moderne ein und war eher für ein begrenztes, touristisches Image bestimmt. Polen verfuhr also nicht wie etwa Ungarn, das ein umfassendes Image von Volkskunst, Volkstrachten und nationalen Speisen und Getränken verbreitete. Ob durch diese Einstellung die Kenntnisnahme der polnischen Kunst und Kultur insgesamt im Ausland gefördtert wurde, muss eine offene Frage bleiben. Die Anfänge des polnischen konstruktivistischen Design und der Typographie gehen auf die Jahre 1924-6 zurück. Eine ungewöhnliche Mischung jenes Stils mit dem Monumentalen und Rustikalen bildete das 'Schlösschen' des Staatspräsidenten Mościcki, bei dem Szyszko-Bohusz mit den Pionieren der polnischen internationalen Moderne zusammenarbeitete. Der polnische Pavillon der Pariser Weltausstellung von 1937 verzichtete weitgehend auf Folklore; 'Einfachheit' bedeutete nun nackte, grob-verputzte Wände (vgl. Noakowski S.7) und roh zubehauene Holzteile.

Die ersten Anzeichen der internationalen modernen Architektur erschienen im Jahre 1924, und schon von 1928 an ist Polen im Congrès internationaux d'architecture moderne (CIAM) vertreten; Polnische Architekten erzielten aber nicht den Ruhm ihrer Maler und Bildhauer-Kollegen, - mit denen sie oft zusammenarbeiteten, etwa in den experimentellen Formen der Posener Messe von 1929. Vieles blieb auf dem Papier, es entstand jedoch eine ganze Reihe von Wohn- und Bürogebäuden in Warschau und seinen Vororten; heute ist es oft schwierig, sie von der generell ökonomisch-schlichten modernen Bauweise der Nachkriegsjahre zu unterscheiden. Die offizielle Architektur des neuen Polen nach 1918 bediente sich zunächst eines besonders schweren Klassizimus und von etwa 1930 an eines gemässigt 'modernen', zuweilen an das faschistische Italien erinnernden geometrischen Stils. Als quasi-offizieller Architekt stiftete Bohdan Pniewski (1897-1965) eine gewisse Kontinuität in den Staatsbauten von den dreissiger in die sechziger Jahre (z.B. der neue Warschauer Sejm). Nach der Kriegszerstörung wurde Warschau praktisch zu einer neuen Stadt, und es finden sich hier Beispiele der meisten Arten moderner Städtebau- und Wohnanlagen (etwa die der CIAM Mitglieder H.u.S. Syrkus). Der bekannteste Teil des Wiederaufbaus, die Altstadt, wurde bereits diskutiert. Alle anderen Teile der Stadt zeigten zunächst eine strikte Anlehnung an den internationalen modernen Stil.

Der Aufbau in grösstem Massstab aber begann erst nach 1949, als die Prinzipien stalinistischer Architektur Vorschrift geworden waren. Es ging im wesentlichen um zwei Vorhaben: zunächst die 'Magistralen', die Riesen-Durchgangsstrassen, die zugleich auch für Paraden dienen sollten. Die Warschauer Hauptstrasse Marszałkowska wurde aber nur teilweise ausgeführt; weit gelungener in dieser Hinsicht ist das Zentrum der völlig neuen Stahlstadt bei Krakau, Nowa Huta (1949-55). Das zweite monumentale Vorhaben war der Wolkenkratzer. Der Warschauer Pałac Kultury i Nauki [Wissenschaften] dominiert nicht nur die zentrale Strassenkreuzung, sondern die ganze neuere Innenstadt. Bei den entwerfenden Russen handelte es sich um die erste Moskauer Garnitur. Einzelne Dekorationsteile, wie die 'Polska Attyka' (S.9), erfüllten die Forderung Stalins: 'Sozialistisch im Inhalt, national in der Form'. So auffällig auch der 'Pałac Kultury' plaziert wurde, im Ganzen handelte sich beim Stalinismus nur um eine kurze Episode der polnischen Architektur.

Kaum weniger 'sozialistisch' lässt sich jedoch die enorme Macht der öffentlichen Auftraggeberschaft in den folgenden 30 Jahren bezeichnen, vor allem in der Art, wie die Planer sich über alles Ältere hinwegsetzten. Neben Millionen von neuen Wohnungen entstanden öffentliche Gebäude von enormen Ausmassen, wie Sporthallen (S.93) oder Bergsanatorien. Neue Städte wurden aus dem Boden gestampft, mit z. T. heute mehr als 150.000 Einwohnern (Nowe Tychy). Der Stil der Planung blieb im wesentlichen bei breiten, geraden Durchfahrten, aber diese wurden nun wieder von Bauten im internationalen Stil begleitet. Warschaus Ost-West Achse und unterirdische Bahnverbindung erhielt ihren oberirdischen Ausdruck mit der mächtigen Halle der Zentral-Station. Auch die eine etwas kleinere Station in Katowice wurde als Komplex von mehreren Ebenen geplant. Heute wird vielfach diese moderne Architektur als 'totalitaristisch' angesehen, mehr als die stalinistische Dekoration der frühen fünfziger Jahre. In den 60iger Jahren wurde die Bauproduktion nach sowjetischem Modell noch weiter angekurbelt. Nur selten, etwa in Wrocław, hatten künstlerisch orientierte Architekten dabei etwas zu sagen. Andererseits gab es einen Geist des Experimentierens, vor allem bei international bekannten Architekten, wie Jerzy Sołtan und dem Ehepaar Hansen. Zusammen mit dem Designtheoretiker Lech Tomaszewski kombinierten letztere die konstruktivistischen Experimente der 20er Jahre mit den 'Raumstrukturen' und den neuen Ideen zur industriellen Massenproduktion. Von den zahlreichen Ausstellungsbauten sind vor allem auch die frühen Wrocławer Experimente von 1948 zu erwähnen, die in mancher Hinsicht auf die Bauten des Londoner Festival of Britain von 1951 vorausweisten. Die Situation der polnischen Architektur seit den 1980iger Jahren stellt sich ganz anders dar: Geschäftshochhäuser amerikanischen Stils in den Zentren; individualistisches Design der Privatvillen in den Vororten.

In den 1980iger Jahren fanden die experimentierenden Architekten und Ingenieure noch einen anderen Mäzen, die nach dem Staat grösste Macht im Land, die katholische Kirche. Bis in die späten 70er Jahre wurde die Bautätigkeit durch staatliche Restriktionen behindert, danach aber begann eine enorme Aktivität: über 1500 Kirchen in einem Jahrzehnt, davon mehr als 100 Grossbauten, die 3000-5000 Personen Platz bieten. Die Grundrisse variieren erheblich: das Motto war 'pluralizm przestrzenny [räumlich]'. Viele der bereits früher entworfenen Bauten sind Bravourstücke der 'reinen Konstruktion', fast immer in Beton. Die hier gezeigte Kirche in Kalisz gilt als die erste mit Hilfe von Computern geplante Konstruktion in Polen. Auch bei anderen Materialien herrscht ein hohes handwerkliches Niveau, in der Erfindung wie in der Ausführung, höher als in den meisten anderen Bereichen des polnischen Bauwesens. In neueren Kirchen werden mehr und mehr teure Materialien, wie Marmor und Metall verwendet. Die Ausstattung konzentriert sich meist um den Altar; dieser ist gewöhnlich an der Ostwand der Kirche plaziert, er soll aber gleichzeitig in Reichweite der Gemeinde stehen. Die Dekoration ist an dieser Stelle zumeist sehr reich und man versucht, ihre fast immer stark gegenständlichen Motive in die Formen der Architektur zu integrieren. Von den frühen 80er Jahren an mehren sich post-moderne Formen, bei denen die nach wie vor wagemutigen Betonkonstruktionen teilweise durch massive Wände vekleidet oder flankiert werden. In der Massivität und im zuweilem groben, 'naiven' Aussehen sollen nun wieder 'kulturelle Traditionen' sowie das 'Polnische', 'polskość'...(M. Budzyński, Bibl. 25) vermittelt werden. Die Kombination von Design-Experiment, geistlicher Unternehmerschaft, religiöser Hingabe der Gemeinde und deren Stiftungsfreudigkeit - oft auch ein Akt des Protestes gegen das politische Regime - all dies führte zu einer wohl einzigartigen Vielfalt der Konstruktionen und Formen.

Um 1950 finden wir noch einmal eine Volkskunstbewegung, unter dem Vorzeichen des 'Sozrealizm'. Er sollte sich an die breite Masse wenden; die Volkskunst der Zwischenkriegszeit, so hiess es jetzt, sei zu elitär gewesen. Schon vorher hatte hatte man auch mit der offiziellen Förderung des industriellen Design begonnen (Instytut Wzornictwa Przemysłowego). Die Keramik-Entwürfe Lubomir Tomaszewskis liegen auf der Grenze zwischen industriellem und kunsthandwerklichem Design. Die Bedeutung des letzteren wuchs seit den frühen 60iger Jahren rasch an und man ergriff bisher unbekannte Möglichkeiten der Materialbehandlung. Eine neue Kategorie des virtuosen, künstlerischen Handwerksobjekts, die 'sztuka przedmiotu' - 'Objekt-Kunst' (Irena Huml), bzw. das 'Studio'-Werk, kam auf, Gegenstände von oft geringem praktischen Nutzen. Zunächst geschah dies beim Glassguss in der Kunstschule in Wrocław unter dem Einfluss neuer schwedischer Strömungen. Wesentlich waren auch die neuen Schöpfungen in der Textilkunst. Auf der Biennale Internationale de la Tapisserie in Lausanne von 1962 führte Magdalena Abakanowicz neue, freie Formen des Webens und Strickens ein. In Polen folgten ihr Wojciech Sadley, Barbara Levittoux-Świderska und viele andere. Ein Stück Stoff braucht nicht ein Objekt zu sein, das nur flächig strukturiert oder dekoriert ist, es kann auch dreidimensional gestaltet sein und es kann dazu sogar figuralen oder metaphorischen Charakter annehmen.

'Fecit Teodorus Talowski Architectus': Krakau, ulica Retoryka 9 'Pod Osłem' (Zum Esel), 1891.

a

(a-d) Stanisław Witkiewicz: Zakopane, Villa Pod Jedlami (unter den Tannen), Ansichten, und Brunnenhaus,1897.

(e-g) Oskar Sosnowski: Warschau-Ochota, Kirche der Unbefleckten Empfängnis (Niepokalanego Poczęcia NMP., 'Św. Jakub') 1908-1914.

e

b

c

d

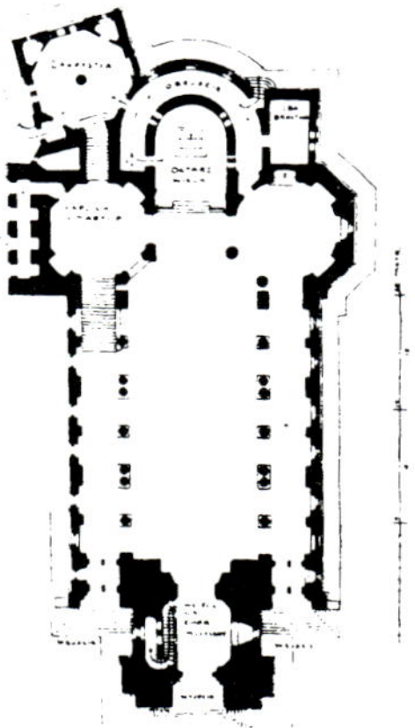

f

g

h

(h) Jan Koszczyc-Witkiewicz: Ausstellungsgebäude 'Dom Sztuki', Częstochowa, 1909.

(i) Oskar Sosnowski: Projekt 'Archiwum aspiracyi' 1912.

i

Oskar Sosnowski: Warschau, Św. Jakub (vgl. S. 82).

(a) Adolf Szyszko-Bohusz: Krakau Bank PKO, 1925-6.
(b) Bohdan Lachert: Warschau-Saska Kępa, Ulica Katowicka 9, eigenes Haus, 1928-9.
(c) Bohdan Pniewski: Warschau, Woiwodschaftsgericht, Al. Solidarności (Swierczewskiego), 1935-9.
(d) Bohdan Pniewski: Warschau, Teatr Wielki (Oper), Foyer, um 1965.
(e) Jadwiga Hawrylak-Grabowska: Wrocław/Breslau, Wohnhausblock Plac Grunwaldzki, (1967), 1970-73.
(f) Stanisław und Wojciech Zamecznik, Tadeusz Pawluć: Wrocław/Breslau, Wystawa Ziemie Odzyskane (Ausstellung Wiedergewonnene Lande), 1948, Kohle-Pavillion.
(g) Zofia und Oskar Hansen, Lech Tomaszewski: Izmir, Internationale Messe, Polnischer Pavillon, 1955.

(a, b) Stefan Szyller: Warschau, Viadukt (Poniatowski-Brücke), 1905-1914.

(c) Jan Koszczyc-Witkiewicz: Warschau, Bibliothek der Höheren Handelsschule (Wyższa Szkoła Handlowa), 1928-30.
(d) R. Plüddemann & F. Küster: Wrocław/Breslau, Markthalle, plac Bp. Nankiera (Ritterplatz), 1908.

(e) Arseniusz Romanowicz, Piotr Szymaniak u.a.: Warschau, Hauptbahnhof (Dworzec Centralny), (1964) 1973-76.

(f, g) W. Kłyszewski, J. Mokrzyński, E. Wierzbicki u.a.: Katowice, Bahnhof, 1966-72.

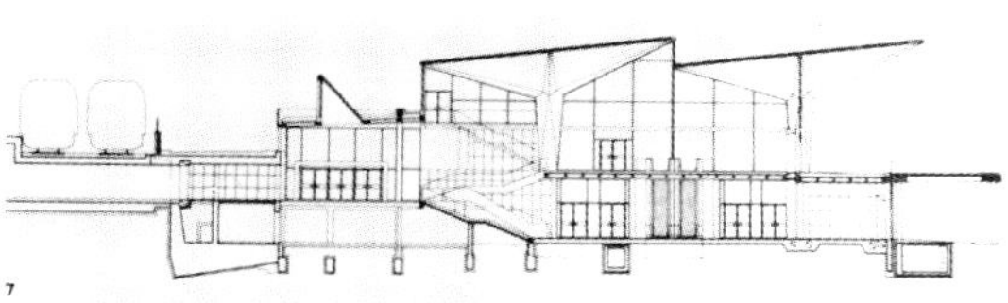

a

d

(a, b) Oskar Sosnowski: Białystok, St. Rochus, 1925-1936.

(c, d) Waldemar Wawrzyniak, Jerzy Wojnarowicz, Tadeusz Zipser: Wrocław/Breslau, Hl.Geist-Kirche (św. Ducha), 1972-80.

b

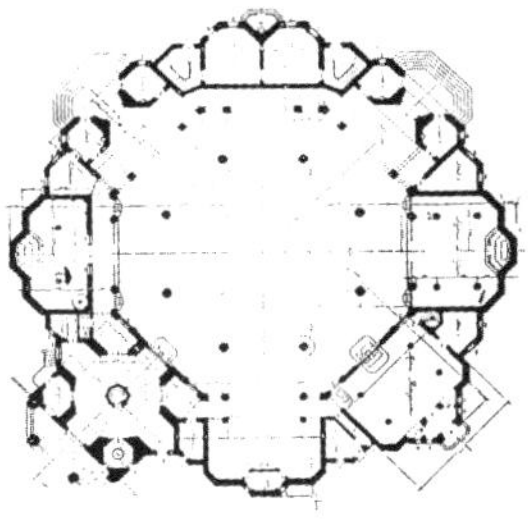

c

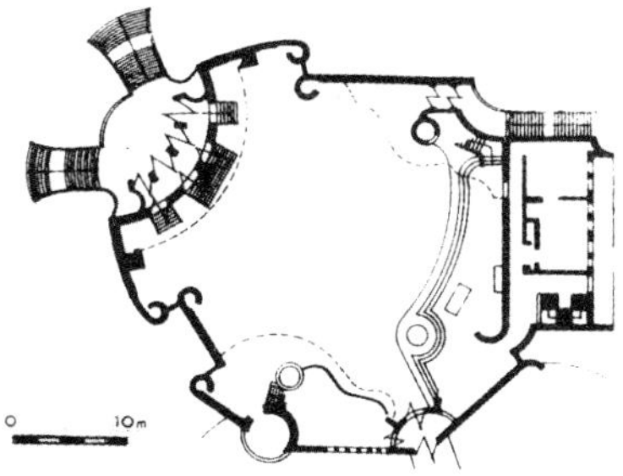

(e, f) Marek Budzyński, Andrzej Badowski, Piotr Wicha: Warschau-Ursynów, Christi Himmelfahrts-Kirche (Wniebowstąpienia Pańskiego), 1984-1989.

e

f

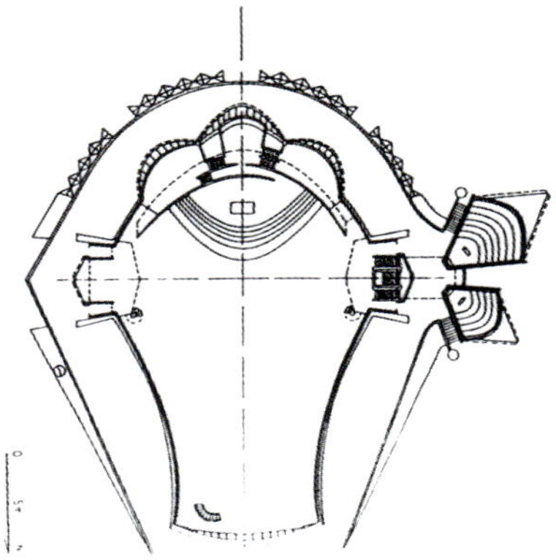

Andrzej Fajans: Kalisz, Barmherzigkeitskirche (Miłosierdza Bożego) (1957), 1975-1990.

PARIS: EXPOSITION INTERNATIONALE DES ARTS DECORATIFS ET INDUSTRIELS MODERNES, 1925
(a, e) Józef Czajkowski: Entwurf Architektur und Kilim.
(b) M. Kotarbiński, J. Warchałowski u.a.: Innendekoration.
(c) Zofia Stryjeńska: Wandmalereien (Monatsbilder) .
(d) Jan Szczepkowski: Schnitzarbeiten in der Kapelle.

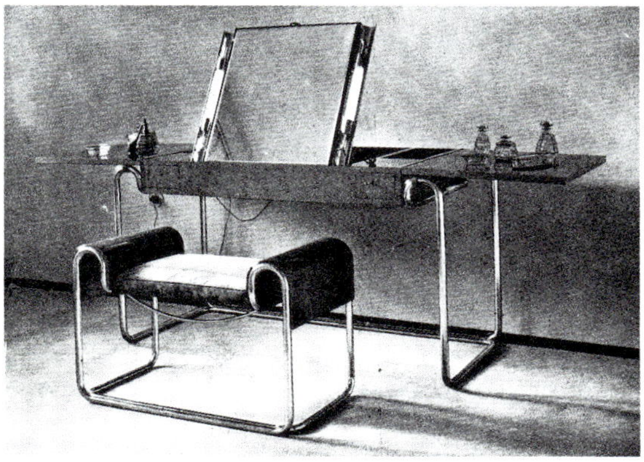

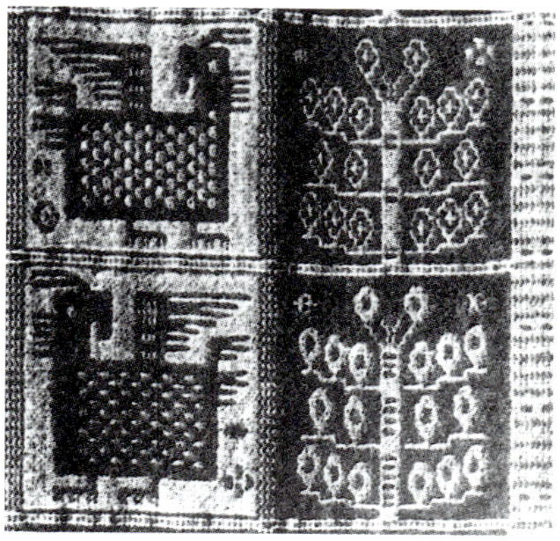

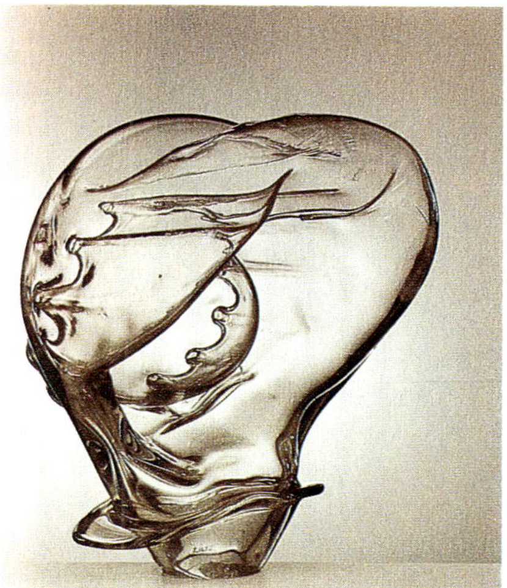

(a) Stanisław Barabasz: Möbel im Zakopane-Stil, um 1901.
(b) Stanisław Wyspiański: Krakau, Klubraum ("Świetlica") Towarzystwo Sztuk Pięknych [Kunstverein], 1904.
(c) Adolf Szyszko-Bohusz, Andrzej Pronaszko, Włodzimierz Padlewski: Wisła, Zameczek Prezydenta (Schlösschen des Staatspräsidenten), Kabinett der Dame, 1930.
(d) Jan Bogusławski & C. Dańko: Paris, Weltausstellung 1937, "Maisonnette de villegiature".
(e) Eleonora Plutyńska: Gewebe "Tiere", 1956.
(f) Lubomir Tomaszewski: Entwurf für eine Kaffeekanne, 1962.
(g) Henryk Albin Tomaszewski: 'Reflektor' Glas, 1979.
(h) Magdalena Abakanowicz: Improvisation; Seil-Knoten, um 1970, Kunsthalle Södertälje, Schweden.

SKULPTUR

Die vornehmste Aufgabe der Skulptur der letzten 200 Jahre war die öffentliche Feier nationaler Persönlichkeiten. Polen unterschied sich im 19. Jahrhundert von allen anderen Nationen durch den Mangel an Gelegenheiten für diese Kunstart: es fehlten höhere Kunstschulen, grosse Ausstellungen und vor allem die Aufträge für öffentliche Denkmäler. Die Besatzungsmächte wollten von polnischen Helden nichts wissen. Warschau erhielt 1830 ein Monument des sitzenden Kopernikus von dem damals berühmtesten europäischen Bildhauer, Bertel Thorwaldsen, aber auf ein Denkmal für den berühmtesten Dichter der Nation, den Romantiker Adam Mickiewicz, musste die Stadt bis 1898 warten. Nur auf den Friedhöfen fand die Skulptur eine grössere Entfaltung.

Wohl die erstaunlichste Auslassung in der internationalen Geschichte der modernen Kunst ist die Skulptur des polnischen Jugendstils und vor allem die Xavery Dunikowskis (1875-1964) in Krakau, einer der frühesten Vertreter der symbolistisch-expressionistischen 'Vereinfachung'. Unter dem Einfluss Rodins wandte er sich seit etwa 1896 von detailliert-figurativen und literarisch-allegorischen hin zu biologisch-mystischen und symbolistischen Themen. Die Details der Kleidung und der Körper wurden nun radikal vergröbert und verschmolzen in abstrahierende Formen, vereinfachte, oft langgezogene Konturen, breite Flächen, die einer starken, in eine Richtung zielenden Bewegung unterworfen sind. Dunikowski verbrachte die Jahre 1914-22 hauptsächlich in Paris, wo er seinem Formenrepertoire noch eine kubistische Zerstückelungstechnik hinzufügte; in den Pariser Kubismus der Archipenko/Brancusi-Phase um 1920 fügte sich auch August Zamoyski ein. Mehr dem internationalen Art Nouveau entlehnte Formen und stärker dekorative Umrisse verfolgten die frühen Denkmäler Wacław Szymanowskis. In den 20er Jahren kam es zu neuen Formen, die im folgenden unter der Stilrichtung Konstruktivismus beschrieben werden. An nationalen Denkmälern fiel immer noch wenig an. Die Ausführung einer aufwendigen Anlage für den 1935 verstorbenen Marschall und Staatsmann Józef Piłsudski wurde durch den Krieg verhindert. Dunikowskis geheime künstlerische Aktivitäten in Auschwitz, sein Dienst für den polnischen Staat nach 1945, sein Denkmal für die schlesischen Aufstände auf dem St. Anna-Berg, wie auch seine Professur an der erneuerten Wrocławer/Breslauer Kunstakademie (der preussische Staat hatte sie 1931 geschlossen): der Bildhauer wurde zu einer Vaterfigur und zum Garant der Moderne in Polen. Die Nachkriegszeit brachte bald eine Reihe von Aufträgen für grosse öffentliche Denkmäler, die sich meist noch an die grandiose Romantik des französischen 19. Jahrhunderts anschlossen, etwa das Warschauer Ghetto-Monument von 1948. Denkmäler in der Art des sozialistischen Realismus folgten bald, aber die gängige Ostblock-Ikonographie, d.h. die Heroisierung der Arbeiter- oder Bauernschaft, fand man in Polen nur selten.

1955 kam das Ende stalinistischen Vorschriften und eine neue Orientierung nach Westen. Es kam zu einer Expansion der bildhauerischen Aktivitäten. Die traditionellen Richtungen der Statuarik wurden weitergeführt, aber auch der hölzernen Volkskunst wurde neue Aufmerksamkeit geschenkt; auf allen Gebieten herrschte ein neuer Geist des Experimentierens. Es traf dies zusammen mit einem Abrücken von der grossen französischen Tradition und dem wachsenden Einfluss der Engländer, wie Moore, Chadwick und Armitage und auch Elementen der Malerei Francis Bacons. Alina Szapocznikow (1926-1973), die von 1963 an in Paris lebte, führte einige der früheren polnischen Biologismen weiter, aber ihre Deformationen waren auch vom Surrealismus und von der Pop-Kunst beeinflusst. Ein wichtiges neues Formmittel wurden die Bruchstellen, bei denen die rauhe Fläche der Brüche mit den glatten der 'ungebrochenen' kontrastieren. Wiederholungen und serielle Formgebungen kamen in Mode. Die Skulptur näherte sich der Aktionskunst; es herrscht das objet trouvé, d.h. alle nur denkbaren Fundstücke, von Kerzenstümpfen (Hasior) zu Autowracks (Szapocznikow), oder aber man nähert sich der Architektur mit grossen, raumumfassenden Konstruktionen (K.Broniatowski). Was jetzt vor allem zählt, ist das Material selbst und eine immer grössere Anzahl von Techniken: alle Arten von Metall, Zement, Gips, Plastik, Wachs und anderes. Die Kopffragmente Szapocznikows sind aus schwarzem Granit, Bronze und Polyester gefertigt. In jenen 60iger Jahren hatten auch die Kunsthandwerker mit ihren Experimenten in den jeweiligen Techniken begonnen. Die traditionelle Abgrenzung der Kunstform Skulptur schien sich aufzulösen.

Aber auch die Nachfrage nach öffentlichen Denkmälern nahm nicht ab. Hier teilt Polen mit anderen kommunistischen Ländern eine für die ganze Nachkriegszeit geltende Art der Rhetorik. Am Anfang stand immer noch die grosse heroische Geste, die auf Delacroix und François Rude zurückging, neuformuliert unter dem Einfluss von Henry Moore. Dies wurde verbunden mit einer eher zentraleuropäischen Richtung des Architektur- und Landschaftsdenkmals. Die Themen reichen vom polnischen Mittelalter bis in die neueste Zeit. Polens Sieg über den Deutschritterorden in Tannenberg (Grunwald) im Jahre 1410 hatte bis dahin stets Anlass zur Schaustellung von Schlachtgetümmel und Heroismus gegeben (S.66,102); am Ort selbst wurde nun das Ereignis durch eine spielzeugartige Darstellung der Schlachtordnung wiedergegeben. Eine andere kollektive Erinnerung sind die Konflikte in Schlesien (während der frühen 1920iger Jahre kamen Teile von Oberschlesien an Polen, teils durch den Willen der Siegermächte, teils durch lokale Volksabstimmungen, begleitet durch mehrere polnische Aufstände). Das Denkmal in Kattowitz (für die Aufstände 1919, 1920, 1921) stellt eine neue Version der Nike auf ein breites, ansteigendes Podium an einen zentralen Platz der Stadt, wo ältere Strassenzüge mit der breiten neuen Strassenanlage, neuen Wohnblöcken und einer grossen Sporthalle zusammentreffen. Das Monument gestaltet die Stadtlandschaft. Das verbreitetste Thema ist natürlich der 2. Weltkrieg, die Kämpfe (z.B. für die Helden der Westerplatte bei Danzig von Franciszek Duszeńko und Adam Haupt 1966) und vor allem das Leiden. Unzählige Denkmäler finden sich in allen Teilen des Landes und die Gestaltung ist denkbar unterschiedlich. Das Denkmal in Auschwitz ist das Resultat eines internationalen Wettbewerbs (vollendet 1967, von Pietro Cascella, Jerzy Jarnuszkiewicz und anderen) und schliesst Reste von originalen Gebäuden mit ein. Das Denkmal in Treblinka besteht aus 17.000 Findlingssteinen, die über eine grosse Fläche zerstreut sind und in einem an Stonehenge erinnernden Aufbau kulminieren. In Majdanek findet sich eine höchst komplexe, abstrakte, aber detailiert symbolische und gleichzeitig sehr grosse Anlage. Der zentrale, hochgehobene Block aus Beton, das 'Grosse Tor', soll an die 'gefallenen Giganten' erinnern (A.Olszewski, Bibl. 21, S.139); Das Stutthof Denkmal von den gleichen Künstlern wie das Majdanek-Monument ist mehr figurativ gestaltet. Das Jahr der Solidarność-Gründung, 1981, sah schliesslich auch die Vollendung von Bogdan Pietruszkas Danziger Monument für einen weiteren Kampf: für die von der kommunistischen Regierung 'im Dezember 1970 getöteten Werftarbeiter'.

(a) Cyprian Godebski: Warschau, Mickiewicz-Denkmal, 1898.
(b) Wacław Szymanowski: Warschau-Łazienki, Chopin-Denkmal, (um 1904), 1926 (Wiedererrichtung 1958).
(c) Xavery Dunikowski: Grabmal Bolesław Śmiały, 1917, Gips, MNW.
(d) Xawery Dunikowski: Mutterschaft (Macierzyństwo), Holz, vor 1904, MNW.
(e) Alina Szapocznikow: Selbstporträt, vervielfältigt (Zwielokrotniony), 1965, Łódź, Muzeum Sztuki.

(a) Natan Rappaport: Warschau, Denkmal für die Helden des Ghettos, 1948.

(b) Xawery Dunikowski: Denkmal für die Aufständischen am St.Anna Berg, 1946-1952.

(c) J. Bandura & W.Cęckiewicz: Stębark/Olsztyn, Grunwald/Tannenberg-Denkmal der Schlacht 1410 (vgl. S. 66, 102), 1960.

(d) Franciszek Duszeńko, Adam Haupt u.a.: Treblinka, Mahnmalgelände (Mauzoleum Martyrologii), 1964.

(e) Wiktor Tołkin und Janusz Dibek: Majdanek (Lublin), Denkmal für die Kämpfer und Märtyrer, 1969.

Gustaw Zemła (Anlage: Wojciech Zabłocki): Katowice, Denkmal für die schlesischen Aufständischen (von 1919-21), 1966.

WEITERE DARSTELLENDE KÜNSTE 1920-1990

Die zweite Republik Polen zeichnete viele Künstler der frühen Moderne, wie Malczewski und Boznańska, mit den höchsten nationalen Ehren aus. Der wichtigste Trend war zunächst die Bilderwelt des 'Volkstümlichen'. Zofia Stryjeńska (1894-1976) kam aus der Krakauer Kunst und Kunst-Handwerks-Szene um 1910. Ihre Arbeiten in den 1920iger Jahren kombinierten Malerei, Grafik und Dekoration. Aber wir treffen nun eine Welt ohne Probleme, die dunklen Elemente der Volkssage sind eliminiert und alles erscheint vereinheitlicht. Die breite Popularität dieser Werke - etwa das Thema Volkstanz - bedeutet einerseits, dass die Strömung sich nicht zur obersten Avantgarde zählen konnte. Andererseits weisen auch Stryjeńskas lebhafte Farben und die konsequente Facettierung ihrer Formen in den Umkreis des Kubismus und Delaunays, nach Paris, die Hauptheimat der polnischen Avantgarde. Die grösste ihrer Gruppierungen nannte sich von 1924 an 'Komitet Paryski' ('Kapiści'). Die meisten Mitglieder folgten einer generell post-impressionistischen und post-fauvistischen Linie, die oft als die 'Herrschaft der Farbe' bezeichnet wurde. Einige Maler, wie Józef Czapski, hielten sich an diese Richtung bis in die 1950iger Jahre und sogar noch länger. Es gab absichtlich rohe und wilde Versionen, etwa im Werk von Zygmunt Waliszewski (1897-1936), oder aber solche, die auf Eleganz Wert legten, leicht gebogene Umrisse der Gegenstände und zurückhaltende Farben, wie etwa bei der in Paris lebenden Polin Tamara de Lempicka, oder im Werke von Bolesław Cybis, der sich zuweilen auch an den deutschen magischen Realismus anlehnte. Den Kindermärchen-Grotesken Tadeusz Makowskis (1882-1932) merkt man allerdings nicht an, dass auch dieser Maler die meiste Zeit in Paris verbrachte.

Eine Verwendung kubistischer Elemente findet sich schon früher, von etwa 1912 an, im Werk von Zbigniew Pronaszko (1885-1958). Später orientierte dieser sich weitgehend an der analytischen Phase des Kubismus und tendierte stets zu einer strengen Gesamtordnung des Bildes. Von etwa 1915 an kann man auch eine Mischung von kubistischen und futuristischen Tendenzen beobachten, was zu sehr lebhaften, nervösen Formen führte, etwa im Werk von Tytus Czyżewski (1880-1945, S.102) Eine Zeit lang bezeichnete man dies als polnischen Expressionismus; der bekannteste Vertreter war Witkacy. Wenig später aber forderte Czyżewski, dass die polnische Malerei sich um 'Poesie.., und nicht die Fäulnis der Altvordern..., ihr Morphia und Angsttraum [in der Art Wyspiańskis und Malczewskis]' bemühen solle (Formiści, 1921, Heft 4). Das Resultat war ein verstärktes Streben nach formaler Ordnung, und die Expressionismusgruppe nannte sich nun um in Formiści (1918); ein weiterer Gruppenname war Rytm (1922). Mehrere Künstler entwarfen komplexe Theorien der Malerei, z.B. Witkacy, oder Leon Chwistek (1884-1944), der zugleich Professor der Mathematik war, und ein System des 'zonism' vorstellte, das eine Einheit von Form und Farbe forderte (Wielość rzeczywistości w sztuce, Vielheit der Realitäten in der Kunst 1921).

Bald jedoch kam es zu einem neuen Trend, bei welchem das nationale Element, und, in der Tat, jede Art Inhalt radikal beseitigt wurden. Polen wurde zur Wegstation zwischen Moskau und Berlin, als es sich 1922/3 dem Konstruktivismus anschloss. Malevitch besuchte Warschau des öfteren und wurde von vielen Polen für einen der ihren gehalten. Henryk Berlewi hielt engen Kontakt mit El Lissitzky in Berlin, wo er in der Galerie *Der Sturm* ausstellte und seine suprematistischen Werke und die Theorie der 'Mechano-Faktura' propagierte. Von 1924 an traten die polnischen Konstruktivisten unter dem Namen 'Blok' auf, von 1926 nannten sie sich 'Praesens' und 1929 'a.r.' (artysci rewolucynjni, bzw. awangarda rezeczywista [wirkliche]). Der Nestor der polnischen abstrakten Malerei, Henryk Stażewski (1894-1988), kam von der Formiści-Gruppe und fand dann, unter dem Einfluss der russischen Künstler, wie auch des Purisme und des Neo-Plastizismus, seinen Stil der geometrischen Flächen, in grau-weiss oder in den Primärfarben. Katarzyna Kobro-Strzemińska (1898-1951), lettisch-russischer Herkunft und in Moskau in den frühen 20iger Jahren ausgebildet, wendete diese Art Form ins Räumliche.

Der theoretischste Kopf der Gruppe war Kobros Ehemann Władysław Strzemiński (1893-1952). Er stammte ebenfalls aus dem früheren polnischen Osten, aus Minsk. Er wirkte in Moskau von 1918 an, arbeitete dann mit Malevitch in Vitebsk zusammen und liess sich 1922 im neuen Polen nieder. Hier begann er mit der Formulierung seiner Theorie des 'Unizm'. Strzemiński begriff die traditionelle und die frühe moderne Malerei als Prinzip des Dualismus von Linie/Umriss und Farbe, während er für seine Malerei eine neue Einheitlichkeit postulierte, die absolute Einheit der Fläche, begrenzt durch den Raum. Es durfte weder Richtungsspannungen geben, denn diese implizieren die Dimension Zeit, noch Farbkontraste. Im Gegensatz dazu gibt es bei der Skultpur 'keine natürlichen Umrisse' (Katarzyna Kobro-Strzemińska, Kompozycja Przestrzeni [Raum-Komposition]..., 1931). Im Gegensatz zum holländischen Neo-Plastizismus und anderen Theorien im Konstruktivismus postulierte man in Polen also eine Divergenz zwischen den beiden wichtigsten Kunstformen. Andererseits bemühte man sich aber auch dort darum, so viele Bereiche wie möglich in den Konstruktivismus mit einzubeziehen, wie Grafik, Photographie, Film, Ausstellungsdesign u.a. Das Zentrum der Bewegung lag später in Łódź, Polens Textilmetropole (S.56); die Künstler sprachen von der 'funktionalisierten [sfunkcjonalizowana] Stadt' und dem Ideal der Maschinenarbeit. Das Muzeum Sztuki in Łódź, im Jahre 1932 gegründet, bildete eine der ersten internationalen Sammlungen dieser neuesten Kunst. In den 1930iger Jahren verloren die Ziele und Theorien der Gruppe an Klarheit und Überzeugungskraft. Eines der Schlüsselprobleme des Konstruktivismus war, wie bereits vorher in der Sowjetunion erfahren, der Zwiespalt zwischen den Theorien der reinen Form und dem Anspruch der sozialen Relevanz.

Die Jahre 1939 bis 1945 zählen nur indirekt, denn es ging um das schiere Überleben. Eine Reihe von Künstlern arbeitete im Untergrund, zum Teil in den Konzentrationslagern, wie etwa Marian Bogusz, oder auch Strzemiński, mit seinem Zeichnungszyklus 'Deportacja'. Die neue Freiheit nach 1945 brachte wiederum eine Vielzahl von Stilen. Zunächst dauerten die Strömungen der 30iger Jahre fort, auch der Kolorismus. Aber die Betonung des Sozialen nahm zu; für einige der Überlebenden der Grupa Krakowska, z.B. lag das 'Revolutionäre' in der bewussten Aufgabe aller 'bourgeoisen' Elemente, d.h. in der Wahl der abstrakten Kunst. In der Krakauer Ausstellung der modernen Kunst von 1948 dominierte letztere Richtung. Andere, wie Bronisław W. Linke (1906-1962), im Jahre 1934 ein Mitglied der der kommunistischen Partei nahestehenden Gruppe Czapka Frygijska (Phrygische Mütze), führten ihre Art der Satire, die an den Surrealismus grenzte, weiter und widmeten sich, etwas in der Art des späten Otto Dix, der Darstellung des Krieges. In der Einleitung berichteten wir von der polnischen Nachkriegssituation und der Mitwirkung der Kunsthistoriker und Kunst-Organisatoren bei der enormen Aufgabe des polnischen Wiederaufbaus.

Kontakte mit dem westlichen Ausland waren nun erschwert; ein wichtiges Ereignis war jedoch der Besuch Picassos in Polen im

Jahre 1948, der als quasi-offizieller sozialistischer Gast kam. Dem Gebot der neuen kommunistischen Regierung folgend, gab im Juni 1949 der polnische Künstlerverband, auf einem Treffen in der Industriestadt Kattowitz, den Befehl zum Sozialen (bzw. Sozialistischen) Realismus. Ein sowjetisch orientierter 'Internationalismus' sollte nun den westlich-bourgeoisen 'Kosmopolitismus' ersetzen. Viele der Doktrinen gingen allerdings auf den 'klassischen' französischen Realismus des 19. Jahrhunderts zurück. Später wurde das Zwischenspiel des 'sozrealizm' meist als unverzeihliche 'Dominanz des Inhaltes über die Form' verdammt, wobei man aber die Komplexität der Situation von 1949-1955, und auch der von 1945-1949 vergass. Schon 1948 beharrte der junge Maler Andrzej Wróblewski (1927-1957) - in seinen ersten Anfängen hatte er abstrakt gemalt - auf Formen, die man 'lesen' könne. 1950 schrieb er, dass die Formen der 'allgemeinen Einbildungskraft der betrachtenden Masse' entsprechen müssen (Kowalska, Bibl. 22, p. 72; Polish Realities, 1988; Bibl. 27). Alles dieses sollte dem 'Aufbau einer sozialistischen Kultur' dienen. Seine Malweise, zuweilen 'Neo barbaryczny'-Stil genannt (Kat. Socrealizm, Bibl. 22, S. 14), lehnte sich zum Teil an die Formen Legers und Beckmanns an. Wróblewski praktizierte diesen Stil auch nach dem Ende der stalinistischen Periode; heute werden seine Arbeiten hochgeschätzt. Andere, wie etwa Alexander Kobzdej in seinen Bildern von glücklichen oder emsig tätigen Bauarbeitern, hielten sich mehr an den hellen Ton und die leicht abstrahierte Malweise sowjetischer Bilder. Eine dritte Möglichkeit, etwa im Werk Strzemińskis, war die Kombination von abstrakten Formen mit schematisch-gegenständlichen Fragmenten. Eine vierte Gruppe führte ein Doppelleben: Fahnen und Transparente am Tage und private Kunst in der Freizeit. Eine fünfte Möglichkeit war, überhaupt nicht am Stalinismus teilzunehmen.

Eine neue Gruppe, St.53, genannt nach dem 1952 in Armut verstorbenen Strzemiński, begann 1953 mit neuen Theorien für die Zeit nach Stalin. Die Jahre nach 1949 bedeuteten nicht nur stilistisches Diktat; neu war auch die Situation der Auftraggeberschaft. Wie in allen Bereichen der Kunst und Bildung wurde nun alles staatlich organisiert. Alle Künstler wurden praktisch Angestellte des Staates, nicht nur jene, die direkt für die Öffentlichkeit arbeiteten. Der Staat bzw. die staatlich geleiteten Berufsorganisationen oder die Gemeinden organisierten nun den Verkauf von Bildern, wie auch Ausstellungen im Ausland; sie wiesen Künstlern Wohnung und Atelier zu. Wie bereits zur Situation der Architektur bemerkt, blieb dies das herrschende System in Polen, gleich welcher Stil im einzelnen gewählt wurde.

Das Jahr 1955 und die Warschauer Ausstellung 'Arsenal', anlässlich des 5. Welt-Jugend-Festivals, markierte das Ende des sozialistischen Realismus in Polen. Dies wurde mit Erleichterung aufgenommen, auch von solchen Künstlern, die früher sozialistischen Gedanken nachgegangen waren, wie Maria Jarema (1908-1958). Einige der 'Socrealisten', wie Kobzdej, wandten sich der abstrakten Malerei zu, andere dem Surrealismus. Zunächst war das Programm der meisten neuen Gruppen noch figurativ; die Grupa 55 - die vor allem durch die Ausstellungen der Warschauer Galerie Krzywe Koło (krummer Kreis) bekannt wurde, beharrte auf der 'visuellen Metapher' (Kowalska, p. 95). Die Feststellung, dass 'die Metapher das fundamentale Problem der heutigen Kunst darstellt' (Kat. Grupa 55, W. 1956), unterstreicht andererseits die völlige Freiheit der Themenwahl in jenen Jahren. Man konnte die Wiedergabe dann in Richtung Surrealismus oder Abstraktion variieren, wie man es in der Grupa Krakowska II, etwa bei Kazimierz Mikulski oder Tadeusz Brzozowski (1918-1987) verfolgen kann. Jerzy Nowosielskis versteifte und überdehnte Figuren und Landschaften erinnern an ruthenische Ikonen. Man nahm nun vom Westen, was man nur konnte, jeder für sich; die Bedeutung der Gruppen hatte abgenommen. Man traf sich jedoch häufig in Ausstellungen, Sommerschulen, Symposien und in allen Teilen des Landes. Die Lehre in den Akademien war fest in der Hand der Moderne. Die wichtigsten Foren waren aber wohl die kleinen, halb privaten Galerien, wie Foksal in Warschau (1966) oder Mona Lisa in Wrocław (1967). Es herrschte nun eine Epoche der Vielfalt - einzigartig in einem Land des Ostblocks -, in der praktisch alle westlichen Richtungen zu finden waren: Taschismus / Informel, Abstrakter Expressionismus, Op-Art, Minimalismus; eine Gruppe nannte sich sogar 'Realistische Maler' (1962). Polnische Künstler nahmen häufig Teil an westlichen Ausstellungen, z.B. an der Biennale in Venedig und der Dokumenta in Kassel.

Innerhalb dieser breiten Akzeptanz der Moderne beobachten wir von den Mitt-Sechziger Jahren an eine gewisse Konzentrierung der Avant-Garde. Nach einer Spanne des Informel begann Tadeusz Kantor (1915-1990) um 1963 mit der Ausstellung von objets trouvés, was für ihn vor allem verdorbene, ausrangierte Objekte bedeutete. Kantor führte die dadaistische Tradition fort, etwa indem er Objekte an die Leinwand heftete, wie Fahrradteile oder alte Regenschirme, wobei letztere auch wieder abgenommen werden konnten (1970). Er sprach von den Welten des Vieldeutigen und des Unpassenden. Hier lagen auch die Anfänge der 'Emballages', der Verpackung um der Verpackung willen und schliesslich die 'happenings', Aktionen der Schöpfung wie der Zerstörung (Der Brief 1965). Schliesslich 'benutzte' Kantor auch Leute, degradierte, ausrangierte Menschen in seinen kurzen Theatervorführungen: die bildenden Künste erweiterten sich zu Geschehnissen, das Theater wurde auf das Visuelle reduziert. Kantor wurde zum international bekanntesten polnischen Avantgarde-Künstler. Das Werk Władysław Hasiors (1928-) ist eher auf Polen ausgerichtet. Auch er sammelt die weggeworfenen Objekte des täglichen Lebens, etwa Textilien, vor allem Samt. Viele Werke zeigen einen nationalen oder populistischen Zug, vor allem auch diejenigen, die der Kirche dienen. Von den frühen 70er Jahren an erweiterte sich die Avantgarde von neuem; es kamen die Konzeptkünstler dazu, etwa Roman Opałka und seine Serie der Zahlenbilder (von 1965 an) und die Experimente Ryszard Winiarskis.

Die siebziger Jahre, die 'Gierek-Jahre', waren ein Jahrzehnt des Optimismus, oder wenigstens des 'laissez-faire'. Die Wirkung der Ereignisse von 1980/2 und 1989/90 auf die bildende Kunst müssen noch weiter erforscht werden. Die Zeit der Solidarność brachte ein erhöhtes politisches und soziales Bewusstsein. Die plötzliche Verhängung des Kriegsrechts im Dezember 1981 führte zu einem fast völligen Verweigern der Mitarbeit - nicht nur der bildenden Künstler - in öffentlichen Institutionen. Die Künstler wurden in eine Art Untergrund getrieben, in kleine private Gruppen oder unter den Schutz der Kirche. Es gab nun wieder einen Anlass zu relativ unkomplizierten politischen Darstellungen und Satiren, etwa im Werk von Edward Dwurnik. Aber bereits um die mitt-achtziger Jahre waren die früheren Strukturen der staatlichen und gemeindlichen Unterstützung wiederhergestellt; einige der berühmten kleinen Galerien hatten überlebt, und dazu kam nun eine Fülle von Ausstellungen im Westen. Eine dominierende Rolle spielen nun die 'Installationen', d.h. eine spezielle Aufstellung oder Ansammlung von Objekten in dem jeweiligen Ausstellungslokal. Das Warschauer Centrum Sztuki Współczesnej ist einer der internationalen Treffpunkte dieser Kunstrichtung.

(a) Zbigniew Pronaszko: Akt, 1917, MNK.

(b) Leon Chwistek: Festmahl (Uczta), 1933, MNW.

(c) Zygmunt Waliszewski: Maler und Modell, 1930, MNW.

(d) Tadeusz Makowski: Schuster, 1930, MNW.

a

Stanisław Ignacy Witkiewicz, gen. WITKACY:

(a) Kompozycja, 1922, MNK.

(b): Maryla Grossmanowa Fałsz Kobiety I (Falsche Frau) mit Selbstporträt, 1927, MNW.

(c) Artur Rubinstein, Foto, 1913-14, Sammlung Okołowicz.

(d) Anastazy Gilczewski, 1929, MNK.

(e) W. Nelken, 1931, MNW.

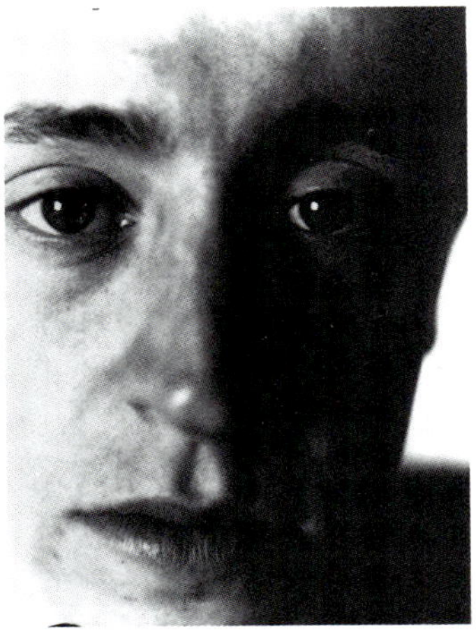

b

STANISŁAW IGNACY WITKIEWICZ, 'WITKACY' (1885-1939) war der Sohn von Stanisław Witkiewicz (S:5,82) und gilt als der letzte Erbe der grossen Krakauer Kunst. Heute ist er der bekannteste Künstler der polnischen Moderne. Ähnlich wie Wyspiański, pflegte er eine Vielfalt von Interessen: Photographie (S.5), Theater, Philosophie und auch Ethnologie (als Reisegenosse Bronisław Malinowskis) und vor allem Kunsttheorie (Nowe Formy w Malarstwie 1919). Auch Witkacy war von einer starken Ichbezogenheit beherrscht. Er war stets von Experimentierwut getrieben und benutzte sogar Narkotika. In seinen frühen Gemälden verband er Jugendstil (Hans Schmithals), Fauvismus, Orphismus und deutschen Expressionismus mit apokalyptischen Botschaften. 1924 gründete er eine ironisch betitelte 'Firma Portretowa' und produzierte hunderte von mehr oder weniger verzeichneten und psychologisch intensivierten Pastellen der polnischen intellektuellen Elite. Am 18. September 1939 nahm er sich das Leben, als er vom russischen Einfall in Polen erfuhr.

Verwandt mit Witkacy ist das Werk eines weiteren polnischen (in diesem Falle polnisch-jüdischen) Literaten und Zeichners, des 1892 geborenen, 1942 von den Nazis ermordeten BRUNO SCHULZ.

(f) Bruno Schulz: Xięga Bałwochwalcza (Buch der Götzenanbetung), 1926, MNK.

(a) Henryk Stażewski (Starzewski): Kompozycja, 1930-1;

(b) Władysław Strzemiński: Kompozycja Unistyczna, um 1931;

(c) Katarzyna Kobro (-Strzemińska): Raum-Komposition (3) um 1928; a-c Łódź, Muzeum Sztuki.

(d) Henryk Stażewski: Relief, 1969, MNW.

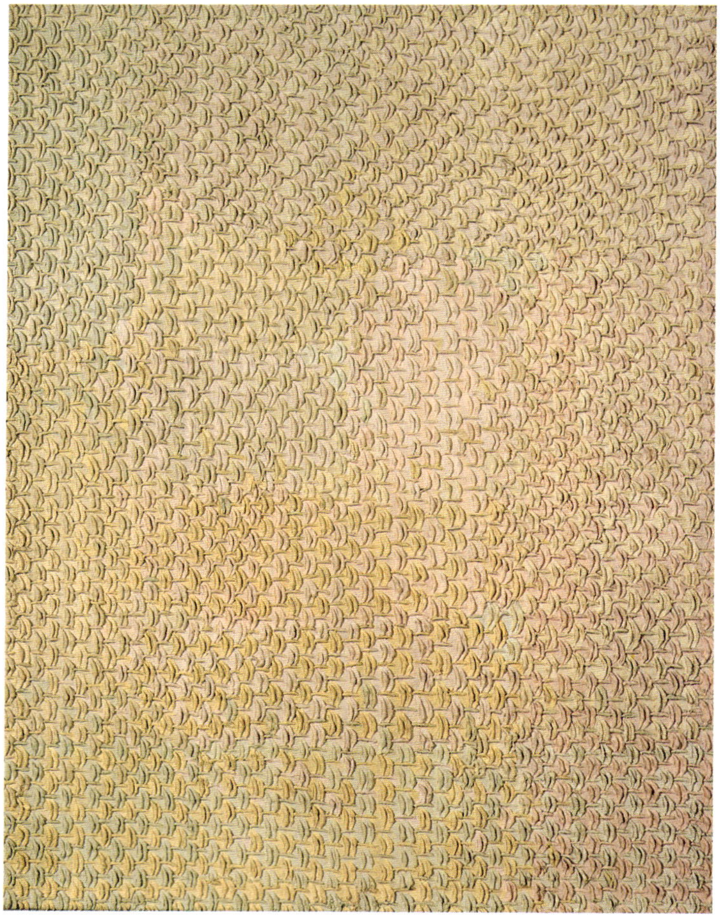

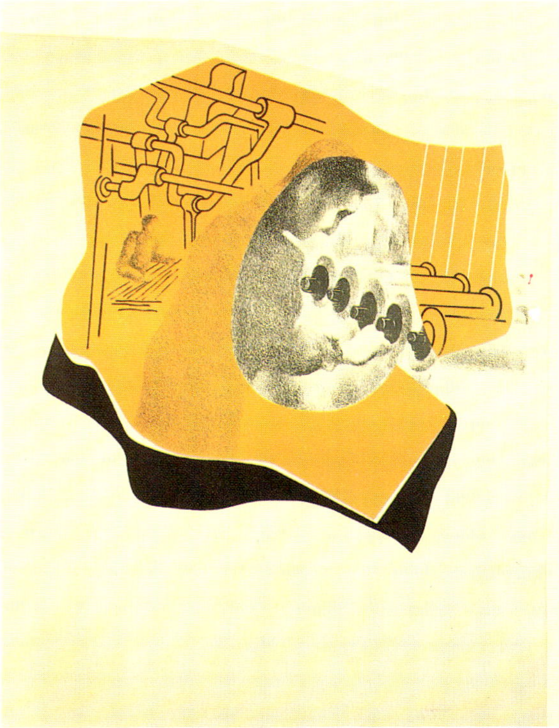

(a) Bronisław Linke: Häuser der Soldaten (Zyklus 'Steine schreien'), 1947, MNW.
(b) Andrzej Wróblewski: Erschiessung (Rozstrzelanie V), 1949, MNP.
(c) Władysław Strzemiński: Weber, Lithographie, 1950, MNW.

SEITE 100:
(a) Maria Jarema (Jaremianka): Rytm IV, 1958, MNK.
(b)Tadeusz Brzozowski: Pantalons, 1966, MNW.
(c) Zbigniew Makowski: Bewusstseinshorizont, 1968, MNW.
(d) Leon Tarasewicz: Ohne Titel, 1986, Privatslg., Schweden.

SEITE 101:
(a) Tadeusz Kantor: Cyklista, 1966, Łódź, Muzeum Sztuki.
(b) Władysław Hasior: Kirchenbanner, 1978.
(c) Mariusz Kruk: Instalacja, Dokumenta Kassel 1992.
(d) Jerzy Kalina: Die zitternde Hündin (Suka w Dygocie), 1989, Installation Galeria Studio, Warschau.
(e) Edward Dwurnik: Krakowskie Przedmieście [Strasse in Warschau], No. 11, 1982, MNW.

(a) Stanisław Wyspiański: Schlacht bei Grunwald (vgl. S. 66), Zeichnung, um 1898, MNK.
(b) Tytus Czyżewski: 'Grünes Auge...', Buch-Umschlag, 1920.
(c) Mieczysław Wejman: Serie Rowerzyści [Radfahrer], VIII: Heckenschützen, Radierung, 1965.
(d) Illustrator: Daniel Mróz, 1956.
(e) Stanisław Fijałkowski: 11 XII, Linolschnitt, 1970.

GRAPHISCHE KÜNSTE

Den Malern des 19. Jahrhunderts dienten die grafischen Künste fast ausschliesslich zur Reproduktion von Gemälden oder Zeichnungen, sie gehörten also in den 'niedrigeren' Bereich der Reproduktion. Nach dem Ende des Jahrhunderts nahmen sich bedeutende junge Künstler wie Wyczółkowski der Lithographie und der Radierung an. Erst mit dem Jugendstil, mit seiner Betonung der Linie und des klaren Umrisses von gleichmässig kolorierten Flächen erlangten graphische Werke eine gewisse Autonomie. Die Volkskunstbewegung brachte neue Arten des grobförmigen, plakativen Holzschnittes (W. Skoczylas, S.7). Die neuen Ideen zum Kunsthandwerk führten zu einer Wertschätzung der 'Druck-Kunst'. Eine Reproduktion erlangte nun den Rang eines authentischen Kunstwerkes. Futurismus und Konstruktivismus erhöhten weiterhin die Wertschätzung der Grafik. Eine neue Art der linearen Präzision betraf alle Techniken, Malerei wie Grafik. Grafische Künstler gründeten nun eigene Verbände, z.B. 'Ryt' [Gravierkunst], 1925. Nach dem Zweiten Weltkrieg und besonders in der Periode der neuen Kunstfreiheit nach 1955 wurden die grafischen Techniken weiter verfeinert - polnische Grafiker besorgten ihre Drucke stets selbst. Die Themenwahl und die Reichweite wuchsen, für die 'freie Grafik', wie auch für die Buchillustration. Eine gewisse 'Literarizität' erschien insgesamt charakteristisch (Kat. Wien, Bibl. 26). Das bereits lebhafte Interesse des Auslandes wurde noch weiter gefördert durch die Einrichtung einer Internationalen Grafik-Biennale in Krakau von 1966 an. Man muss auch bedenken, dass der künstlerischen Grafik in Polen damals kaum Konkurrenz in der kommerziellen Grafik erwuchs. In den 1970iger Jahren, unter dem Einfluss Dadas und der Konzeptkunst, wie auch der vermehrten Verwendung der Photographie, verwischten sich die Grenzen wieder.

(a) Maciej (Matthew) Nowicki und Stanisława Sandecka: Ball der jungen Architektur, 1934, MNW-Wilanów.

(b) Tadeusz Trepkowski: Plakat 'Der Monat des Wiederaufbaus der Hauptstadt', 1950, MNW-Wilanów.

(c) Jan Lenica: 1964, MNW-Wilanów.

(d) Józef Mroszczak: 1963.

(e) Jan Jaromir Aleksiun: 1979.

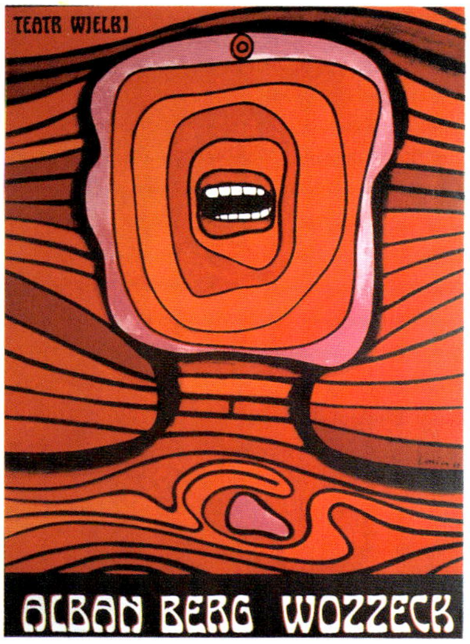

PLAKATKUNST

Die Polnische Plakatkunst ist weltweit ein Begriff. Auf die Anfänge der graphischen Künste im Jugendstil und im Formismus folgten entscheidende Anregungen des Konstruktivismus (z.B. bei Maciej [Matthew] Nowicki, später bekannt als Architekt in den USA). Entscheidend war die Aufwertung der Typographie: Die Schrift erforderte nun die gleiche Art der künstlerischen Gestaltung wie das Bild. Nach dem Krieg überwogen bei weitem die öffentlichen Auftraggeber; gerade beim polnischen Plakat finden wir nun die damals geforderte Verquickung von autonomer, formalistischer Moderne und sozialem Zweck, von 'Inhalt und Form'. Die Collage-Methode des Dadaismus, die Satire und die an den Surrealismus grenzende Groteske sowie die 'plakative' Farbigkeit des Konstruktivismus und Minimalismus liessen die einfachste Botschaft interessant erscheinen. Nach 1955 bleiben die meisten Themen innerhalb der intellektuellen Sphäre; berühmt sind besonders die Theaterplakate. Vor allem blieb das Plakat eine autonome Kunstform, es vermischte sich nicht mit anderen.

Zwei Fragen schienen die polnische Kunst seit 1780 zu beherrschen: Mäzenatentum und nationale Identität. Die heutige Homogenität der polnischen Nation drängt die letztere Frage in den Hintergrund. Die Frage aber, wem die Kunst dienen soll, stellt sich immer wieder neu. Jan Lenicas vielzitierter Ausspruch, dass die Qualität der polnischen Plakatkunst auch darauf beruhe, dass sie sich 'frei von der Bindung an den Kommerzialismus' entwickeln konnte, lässt sich im Rückblick, heute, auf die gesamte polnische Kunst der Nachkriegszeit anwenden. Überspitzt gesagt: Unter dem Sozialismus erlangte die unabhängige polnische Kunst einen Höhepunkt. Welche Konsequenzen die gegenwärtige Wende zur Kommerzialisierung bringen wird, bleibt abzuwarten. Vorläufig aber zeigt sich keine Abschwächung des Rufes der polnischen bildenden Künste innerhalb und ausserhalb des Landes.

ALLGEMEINE BIBLIOGRAPHIE

Die Auswahl berücksichtigt vornehmlich neuere Publikationen und solche in westlichen Sprachen. Bücher mit Texten in mehr als einer Sprache werden angezeigt. Ein übersetzter Titel folgt dem polnischen ohne neuerliche Nennung des Autors; Übersetzungen werden auch durch kurze Angaben (deut., engl. Ausg.) angezeigt. Die meisten wissenschaftlichen polnischen Publikationen enthalten ein Resüme in einer oder mehreren westlichen Sprachen, oder in russischer Sprache. Berichte der internationalen Kunsthistoriker - Kongresse wurden nicht erfasst. Weitere Literatur in den Fussnoten, S.18-19; Abkürzungsverzeichnis S.2

N.B. Die Endungen der meisten polnischen Eigennamen unterliegen grammatischen Veränderungen.

1 Zeitschriften: *Biuletyn Historii Sztuki (i Kultury - BHS(K))* 1932-; *Architektura* 1948-; *Polska Sztuka Ludowa* 1947-; *Ochrona Zabytków* 1948-; *Materiały do Studiów i Dyskusji... Teorii i Historii Sztuki* 1950-1955 / *Sztuka i Krytyka* 1955-; *Monatsschrift Polen/Poland/La Pologne* 1954-; *Nasza Przeszłość; Studia z Dziejów Kościola i Kultury Katolickiej w Polsce* 1955-; *Projekt* 1956-; *Kwartalnik Architektury i Urbanistyki* 1956-; *Rocznik Historii Sztuki (RHS)* 1956-; *Folia Historiae Artium* 1964-; *Przegląd Artystyczny* 1925-1973; *Sztuka* 1974-; *Spotkania z Zabytkami* 1977-; *Polish Art Studies* 1979-; *Artium Quaestiones* (Poznań) 1985-; *Design* 1986-; *Rzeźba Polska* 1986-; *Obieg* 1987-; *Art & Business* 1989-; *Format* 1990; *Exit Nowa Sztuka w Polsce / New Art in Poland* 1990-; *Artelier Kwartalnik Artystyczny* 1992.

2 Tagungsberichte SHS: (*Materiały Sesji SHS...*, Ort der Publikation W.): *Późny Gotyk*, 1962; *Romantyzm*, 1968; *Treści Dzieła Sztuki*, 1966; *Rokoko*, 1968; *Sarmatia Artistica*, 1968; *Klasycyzm*, 1968; *Sztuka około* 1900, 1969; *Sztuka XX Wieku*, 1971; *Funkcja Dzieła Sztuki*, 1972; *Sztuka 2 Połowy XIX Wieku*, 1973; *Sztuka około* 1600, 1974; *Renesans*, 1976; *Myśl o Sztuce*, 1976; *O Rzemiośle Artystycznym*, 1976; *Sztuka Pobrzeża Bałtyku*, 1978; *Sztuka XIX Wieku w Polsce / Naród i Miasto*, 1979; *Sztuka 1 Połowy XVIII Wieku*, 1981; *Tradycja i Innowacja*, 1981; *Sztuka Dwudziestolecia* [1920iger J.] *Międzywojennego*, 1980; *Mecenas, Kolekcjoner, Odbiorca*, 1984; *Orient i Orientalizm w Sztuce*, 1986; *Sztuka Polska po 1945 roku*, 1987; *Sztuka i Wartość (Łódź)*, 1988; *Kryzysy w Sztuce*, 1988; *Portret: Funkcja, Forma, Symbol*, 1990; *Sztuka Lat Trzydziestych* [1930iger J.], 1991; *Sztuka a Technika*, 1991; *Sztuka a Natura*, 1991; *Wieś i Miasteczko*, 1991; *Sztuka i Historia*, 1992; *Przed wielkim jutrem; Sztuka 1905-1918*, 1993.

3 'Synthesen': M.& B.Suchodolski, *Polska, Sztuka i Naród*, W. 1988, *Polen Volk und Kunst, Poland Nation and Art*, W. 1989. J.Kębłowski, *Dzieje Sztuki Polskiej*, W. 1987; T.Dobrowolski, *Sztuka Polska*, K. 1974; A.Sostawitel & D.Lebedeva, *Iskusstwo Polshi*, Moskwa 1974; *Kunst in Polen von der Gotik bis Heute*, Kat. Kunsthaus Zürich 1974; (hg.) T.Dobrowolski u.a., *Historia Sztuki Polskiej*, I-III, K. 1965.

4 Chronologische Serien: a): *'Sztuka Polska'*, W.: J.Gąssowski, *Sztuka Pradziejowa*, 1975; T.Mroczko, *Sztuka Przedromańska i Romańska*, 1978; J.Kębłowski, *Sztuka Gotycka*, 1983; M.Karpowicz, *Sztuka XVIII Wieku*, 1983; A.Gradowska, *Sztuka Młodej Polski* ['Jung-Polen', 1900], 1984; J.Jaworska, *Sztuka Walcząca 1939-1945*, 1985; J.Bogucki, *Sztuka Polski Ludowej ['Volks-Polen' nach 1949]*, 1983.
b): *'Dzieje Sztuki Polskiej'*, W.: Z.Świechowski, *Sztuka Romańska...*, W. 1982, engl., deut. Ausg., W. 1983; H.& S.Kozakiewiczowie, *Renesans...* 1984, engl., deut. Ausg., W. 1976; M.Karpowicz, *Barok...*, 1988, engl., deut. Ausg., W. 1991; S. Lorentz & A.Rottermund, *Klasycyzm...* 1984, Engl., Germ. eds., W. 1986, 1987.

5 Bibliographien, Lexika usw.: IS/PAN, *Polska Bibliografia Sztuki 1801-1944*, Wr. 1975-, später siehe *RHS*; *Bibliographie zur kunstgeschichtlichen Literatur in slawischen Zeitschriften*, 1960-70; *Bibliographie zur kunstgeschichtlichen Literatur in ost-mitteleuropäischen und süd-osteuropäischen Zeitschriften*, 1974- (hg. beide Zentralinstitut für Kunstgeschichte, München); (Hg.) S.Kozakiewicz, *Słownik terminologiczny Sztuk Pięknych*, W. 1976; Ośrodek Informacji Budowlanej, *Słownik Budowlany* [Bauterminologie engl., deut., franz., poln.], W. 1992; IS PAN, *Słownik Artystów Polskich* [Künstlerlexikon], I-, Wr. 1971-;

6 Theorie: K.Piwocki, *Sztuka Żywa, Szkice z teorii i metodyki historii sztuki*, Wr. 1970; J.Białostocki, *Pięć wieków myśli o sztuce*, W. 1976; J.Białostocki, *Stil und Ikonografie*, Köln 1981; *The Messages of Images*, Wien 1988; *Estilo y Iconografia*, Barcelona 1973; J.Białostocki, *Refleksje i syntezy ze świata sztuki, cykl drugi*, W. 1987; (Einf. P.Skubiszewski), *Wstęp do Historii Sztuki*, W. 1973; M.Porębski, *Pożegnanie z Krytyką*, K. 1983; 'W.Tatarkiewicz, History and Theory of Art', *Dialectics and Humanism*, III, 2, Spring 1976; L.Kalinowski, *Speculum Artis; Treści dzieła sztuki*, W. 1989; siehe Bibl. 2.

7 Museen und Sammlungen ausländischer Kunst: A.Ryszkiewicz, *Kolekcjonerzy i Miłośnicy*, W. 1981; S.Lorentz, *Przewodnik po muzeach i zbiorach w Polsce*, W. 1982, *Museen und Sammlungen in Polen*, W. 1973; siehe Anm. 20; J.Michałkowa, *Obrazy Mistrzów Obcych w Polskich Kolekcjach*, W. 1992, *Foreign Paintings in Polish Collections*, W. 1992; J.Szablowski, *Collections...Wawel [Cracow]*, engl., deut. Ausg., K. 1990; W. 1975; J.Pasierb & J.Samek, *Kloster Jasna Góra Kunstsammlungen*, poln., deut., engl., W. 1991; J.Szablowski, *Les tapisseries flamandes du Château de Wawel a Cracovie*, Anvers 1972; M. Gębarowicz & T. Mańkowski, Arrasy [Gobelins] Zygmunta Augusta, K. 1937; T. Mańkowski, *Galerja Stanisława Augusta*, Lwów 1932.

8 Jüdische Kunst: M.& K.Piechotkowie, *Bożnice Drewniane w Polsce*, W.1957, *Wooden Synagogues in Poland*, W. 1959; MNK, Kat. *Żydzi-Polscy*, 1989; H.Nelken, *Images of a Lost World, Jewish Motifs in Polish Painting*, 1770-1945, London/New York 1991; MNW, *Judaica*, Kat. 1993.

9 Beziehungen zu anderen Ländern: *Orient w Sztuce Polskiej*, Kat. MNK 1992; *Otto III und Bolesław Chrobry (Historische Forschungen, III)*, Stuttgart 1989; Institut Français de Varsovie, *Art polonais... français*, Paris 1939; *'Relations artistiques Polono-Françaises'*, Bulletin d'Histoire de l'Art, (*BHS*) 1958 No. 2; (Hg.) M.Bibrowski, *Picasso w Polsce*, K. 1979; *Polska-Czechosłowacja: Wieki sąsiedztwa...*, Kat. MNK, MNW 1978, Bratislava 1977; *Krakau und Nürnberg*, deut., poln., Kat. Nürnberg, K. 1989-90; (Hg.) W.Schulz & S.Waetzoldt, *Deutsche Kunst aus dem Osten*, Kat. (Stiftung Preussischer Kulturbesitz) Schloss Cappenberg usw., verlegt Würzburg 1989; siehe Bibl. 16; 20.

10 Malerei, Allgemein: J.Starzyński, *Fünf Jahrhunderte polnischer Malerei*, W. 1953; A.Morawińska, *Malarstwo polskie...*, W. 1984, *Polish Painting 15-20th C.*, W. 1984, deut. Ausg., W. 1984; M.Rostworowski u.a., *Polaków Portret Własny* [*Potraits*], W. 1983; J.Rosoków, W. Niżyński u.a., *Madonna w Polsce*, W. 1991; (Hg.) Princesse Radziwill..., *Portraits polonais XVI-XIX*, Paris 1911-13.

11 a) Architektur, Allgemein: S. Łoza, *Architekci i Budowniczowie w Polsce* [Architekten-Lexikon], 2. Aufl., W. 1954; J.Z. Łoziński & A.Miłobędzki, *Atlas Zabytków w Polsce*, W. 1967; Państwowy Instytut Sztuki (IS/PAN), *Katalog Zabytków Sztuki w Polsce*, W. 1953-; (Hg.) M.Charytańska/Ministerstwo Kultury i Sztuki (ODZ), *Zabytki Architektury i Budownictwa w Polsce*, Zeszyty 1-17 [Bautenverzeichnis], W. 1971-1972; J.Zachwatowicz, *Architektura Polska do połowy XIX w.*, W. 1962, engl. Ausg., W.1956; deut. Ausg., Leipzig 1966; A.Miłobędzki, *Zarys Dziejów [history] Architektury w Polsce*, 4. Aufl. W. 1988; B.Knox, *The Architecture of Poland*, London 1971; B.Guerquin, *Zamki* [Burgen] *w Polsce*, W. 1974; K. Stępińska, *Pałace i Zamki w Polsce*, W. 1977.

11 b) Stadt, Garten: Bułhak, Marcinowski u.a., *Polska w Krajobrazie i Zabytkach*, W. 1930; (Hg.) W.Kalinowski, *Miasta Historyczne* Serie: *Zabytki urbanistyki i architektury w Polsce*, (Hg.) W.Zin, I, W. 1986; W.Krassowski, *Dzieje Budownictwa i architektury na ziemiach Polski*, I-III, W. 1989-91; (Hg.) J.Harasimowicz, *Sztuka miast i mieszczaństwa XV-XVIII wieku w Europie środkowoschodniej*, poln., deut., W. 1990; (Hg.) H.Imbs, *Miasto i kultura polska doby przemysłowej* [Städte in der Epoche der Industrialisierung] I, Wr. 1988; G.Ciołek, *Ogrody w Polsce*, W. 1978, *Gärten in Polen*, W. 1954.

12 Bauern- und Holz-Architektur: *Das Bauernhaus in Pommern, Ostpreussen, Westpreußen, Posen und Schlesien* (Serie: *Das Bauernhaus im deutschen Reiche*, 1906, Reprint Hannover 1990); H.Grisebach, *Das polnische Bauernhaus*, Berlin 1917; E.Wiggert & L.Burgemeister, *Die Holzkirchen... der preußischen Ostprovinzen*, Berlin 1905; (Hg.) A.Ryszkiewicz, *Le Bois dans l'architecture et la sculpture Slaves*, Paris 1981; A.Miłobędzki, 'Architecture in Wood...', *Artibus et Historiae* 19 1992 177-206; (Hg.) J.Czajkowski, *Open Air Museums in Poland*, Poznań 1981. F.Tłoczek u.a., *Polskie Budownictwo Drewniane*, W. 1980; idem, *Dom mieszkalny na polskiej wsi*, W. 1985; (Hg. R.Brykowski) *Inwentarz Drewnianej [Holz-] Architektury Sakralnej w Polsce*, W. I 1983-; J.Matuszczak, *Kościoły [Kirchen] Drewniane na Śląsku*, Wr. 1975.

13 Kunsthandwerk: (Hg.) W.Hensel & J.Pazdur, *Historia Kultury Materialnej Polski*, I-VI Wr. 1978-9; T.Kuczyńska, *Souvenir de Pologne*, W. 1979; Z.Żygulski, Jr., *Dzieje Polskiego Rzemiosła Artystycznego*, W. 1987, *History of Polish Applied Arts*, W. 1987; E.Muntz, *Histoire de la Tapisserie en Pologne*, Paris 1878-84; *Polonia - Gioielli, ornamenti e arredi, due mila anni d'arte orafa*, Kat. Sottochiesa S.Francesco Arezzo 1989; I.Turnau, *History of Dress in Central and Eastern Europe from the 16th to 18th C.*, W. 1991.

14 Volkskunst: M.Pokropek, *Atlas sztuki ludowej i folkloru w Polsce*, W. 1978, *Atlas der Volkskunst in Polen*, München-W. 1980; E.Fryś-Pietraszkowa, M.Pokropek u.a., *Sztuka Ludowa w Polsce*, W. 1988; *Volkskunst in Polen*, W. 1991, engl. Ausg. W. 1991; R.Reinfuss, *Ludowa Rzeźba Kamienna* [Holz-Skulptur] *w Polsce*, Wr. 1989

15 Topographie: P.Francastel, *La Pologne Pittoresque*, Grenoble 1934; R.Schneider, *Polens Hauptstädte*, Berlin 1974; I.Bentchev u.a., *Polen, Dumont Kunstreiseführer*, Köln 1991; J.Kębłowski & E.Mazur-Kębłowska, *Polen*, Stuttgart 1988; T.Torbus, *Polen*, Hamburg 1993; M.Pratt, *Great Country Houses of Central Europe* (CSSR, Hungary, Poland), New York 1991, *Die schönsten Schlösser und Herrensitze in Osteuropa*, München 1991; J.Z Łoziński, Serie: *Pomniki Sztuce w Polsce*, I: *Małopolska*, W. 1985, *Krakau und Südostpolen* (*DKV Bildhandbücher*), Berlin 1984; idem,

II/1: *Pomorze* [Pommern], W. 1992; *Dehio-Handbuch der Kunstdenkmäler.* Bd. *West- und Ostpreussen* (neue Ausg. von M.Antoni), München 1993; W.Grundmann & W.Schadendorf, *Schlesien*, München 1962; R.Vetter, *Schlesien, Dumont Kunstreiseführer*, Köln 1992; (Hg.) Z.Świechowski, *Z dziejów sztuki śląskiej*, W. 1978; H.Sieber, *Schlösser in Schlesien*, Frankfurt a. M. 1971; (Hg.) E.Gall, *Danzig und das Land an der Weichsel*, Berlin 1953; W.Drost, Die Kunstdenkmäler der Stadt Danzig, 4 Bde. 1957-1963; A.Gräfin Eulenburg & H.Engels, *Ostpreußische Gutshäuser in Polen*, München 1992; K.Wróblewska u.a., *Huit siècles d'eglises polonaises... Ermland*, St.Cloud 1992; T. Dobrzeniecki, *Sztuka sakralna w Polsce na ziemiach zachodnich i północnych* [Westen und Norden], W. 1976; Dr.A.Lauterbach, *Warschau*, Leipzig 1918; (Hg.) M.Karpowicz, *Sztuka Warszawy*, W. 1986; J.A.Chrościcki & A.Rottermund, *Atlas Architektury Warszawy*, W.1977; engl., deut., franz. Ausg., W. 1978; M.Lewicka, *Atlas Architektury Starego Miasta* [Altstadt] Warszawy, deut., engl. franz. Ausg., W. 1992; Varsavia 1764-1830, *Da Bellotto a Chopin*, Kat. Commune di Venezia 1985; L.Lepszy, *Kraków*, K. 1904, *Krakau*, Leipzig 1906, *Cracow*, London 1912; S. Markowski, *Cathedrale de Wawel*, K.- Kielce 1993; Dr.P.Weber, *Wilna*, Wilna/München 1917; J.Piotowski, *Lemberg*, Lemberg usw. ca. 1913; Lemberg/L'viv, *Wiederaufbau einer Landeshauptstadt der Donaumonarchie*, Kat. Historisches Museum der Stadt Wien 1993.

16 Epochen der Kunst: *Courtauld Institute of Art Illustration Archives* (Hg. P.Lasko), *Archive 3, Medieval Architecture and Sculpture in Europe*, 1 *Poland*, London 1976; 10-15. C.: M.Walicki, *Sztuka Polska przedromańska i romańska* W. 1971; P.Skubiszewski, 'Polnische mittelalterliche Kunst oder mittelalterliche Kunst in Polen', *Jahrbuch für Geschichte* (Berlin) 23 1981 9-56; Z.Świechowski, 'Die Säulen von Strzelno', *Zeitschrift für Kunstgeschichte* 30 1967 273-308; (Hg.) A.Karłowska-Kamzowa, *Les Relations... Pologne, la France, la Basse Rhenanie XII-XV s.*, Poznań 1981 (Uniwersytet im. A.Mickiewicza Poznań, *Seria Historii Sztuki*, Nr. 13); *Polen im Zeitalter der Jagiellonen* 1386-1572, Kat. Schallaburg/Niederösterreich 1986; P.Crossley, *Gothic Architecture in the Reign of Kasimir the Great*, K. 1985; M.Wallis, *Malarstwo Polskie, Gotyk, Renesans, Wczesny Manieryzm*, W. 1961; M.Otto-Michałowska, *Gotische Tafelmalerei in Polen*, Berlin 1982; A.Seiler, *Der Deutsche Orden... Baudenkmäler*, Stuttgart 1993; *800 Jahre Deutscher Orden*, Kat. Nürnberg (Gütersloh 1990); A.Różycka-Bryzek, *Bizantyńsko-Ruskie Malowidła w Kaplicy Zamku Lubelskiego* [Lublin, Kapelle] W. 1983.

17 16.-18. Jh., allgemein: J.Białostocki, *The Art of the Renaissance in Eastern Europe*, Oxford 1976; J.Harasimowicz, *Treści i funkcje ideowe sztuki Śląskiej Reformacji* 1520-1650, Wr. 1980; A.Lauterbach, *Die Renaissance in Krakau*, München 1911; A.Boczkowska, *Herkules i Dawid z rodu Jagiellonów*, W. 1993; Z.Żygulski, 'Bitwa pod Orszą', *RHS XII* 1981 85-132; T.Grzybkowska, *Złoty Wiek Malarstwa Gdańskiego... 1520-1620*, W. 1990; M.Karpowicz, *Artisti Ticinesi in Polonia nel'600*, Lugano 1983; (Hg.) J.Śląski, *Barocco fra Italia e Polonia*, Accademia Polacca della Scienza & Fondazione Cini, Atti del Convegno..., W. 1974; (Hg.) A.Fischinger, *Sztuka Dworu Wazów w Polsce / Court Art Vasa Dynasty in Poland*, Kat. K. Wawel, *Sismund Vasa och hans söner*, Liljevalchs Konsthall, Stockholm 1976; *Kunst des Barock in Polen*, Kat. Braunschweig 1974; *Duma i Wolność, Obraz Szlachty... Baroku*, Kat. MNP 1991, *Stolz und Freiheit... polnischer Adel*, Kat. Cismar, Bonn, 1990-1; Z.Żygulski, Jr., *Odsiecz Wiedeńska / The Relief of Vienna*, K. 1988; *Treasures of a Polish King*, Kat. Dulwich Gallery London 1992; A.Zamoyski, *The Last King of Poland*, London 1992; J.Pokora, *Obraz Stanisława Augusta*, W. 1993; A. Chyczewska, *M. Bacciarelli*, Kat. MNP, MNW 1970; B. Steinborn, *Dzieła M.Bacciarellego* [in ZKW], W. 1987; J. Samek u.a., 'S. K. Potocki', *RHS* I 1956; J.Samek, *Polskie rzemiosło artystyczne* [angewandte Künste 15.-18. Jh.], W. 1984; H.&S. Kozakiewicz, *B.Bellotto*, W. 1975; S. Kozakiewicz, *B.Bellotto*, Recklinghausen 1972, engl. Ausg. London 1972; A.Rizzi, *B. Bellotto*, Warschauer Veduten, München 1991-2; H.Rothe & A.Ryszkiewicz, *Chodowiecki, Kunst der Aufklärung in Polen und Preussen*, Köln-Wien 1986; M.Mężniacka, *D.Chodowiecki's Anglicana in Gdańsk Library*, Gdynia 1967; *Polska i Anglia* [England], *Stosunki Kulturalno-Artystyczne...*, MNW 1974.

18 16.-18. Jh., Architektur: J.Z.Łoziński, *Grobowe Kaplice Kopułowe* [Grabkapellen] *w Polsce 1520-1620*, W. 1973; A.Miłobędzki, *Architektura Polska XVII W.*, W. 1980; N.Meyer, 'Krzysztopur...', *Daidalos* No.45 1992 80-3; S.Mossakowski, *Tylman van Gameren*, W. 1973, deut. Ausg. München 1992; C.Gurlitt, *Warschauer Bauten... der sächsischen Könige*, Berlin 1917; W.Hentschel, *Die sächsische Baukunst des 18. Jh. in Polen*, Berlin 1967; T.S.Jaroszewski, *Księga Pałaców Warszawy*, W. 1985, *Paläste und Residenzen in Warschau*, W. 1985; engl. Ausg. W. 1985; S. Mossakowski, 'Palladio und die polnische Architektur 16.,17 Jh.', T. S. Jaroszewski, 'Palladio.... polnische Architektur... 18.-20. Jh.', in: *400 Jahre A.Palladio, Colloquium Gesamthochschule Wuppertal*, Heidelberg 1982; M.Kwiatkowski, *S.B.Zug*, W. 1971; K.Kalinowski, *Barock in Schlesien*, München 1990; G.Grundmann, *Der evangelische Kirchenbau in Schlesien*, Frankfurt/M. 1970; B.Knox,'...Arrival English... Garden in Poland...', in: (Hg.) N.Pevsner, *The Picturesque Garden*, Washington D.C. 1974; S.G.Zugk, 'Pohlen' in: C.C.L.Hirschfeld, *Theorie der Gartenkunst*, Leipzig 1785, Bd. 5 293-313.

19 Spätes 18. Jh. - frühes 20. Jh., Malerei: siehe Anm. 27; A.S.L., 'Polish Artists...', *Studio* XLI 1907 115-126; Wien Künstlerhaus, *Katalog Wystawy Sztuki Polskiej 1915 / Kat. der Polnischen Kunstausstellung*, 1915; (Hg.)W.Juszczak, *Teksty o Malarzach, Antologia... 1890-1918*, Wr. 1976; A.Ryszkiewicz, *Malarstwo Polskie, Romantyzm Historyzm Realizm*, W. 1989; W. Nowakowska, *Narodowa Funkcja Sztuki w Polskiej Krytyce 1863-90*, Łódź 1981 (siehe auch in *Studia Estetyczne* XV 1978 265-88); J.Malinowski, *Imitacje Świata... w malarstwie i krytyce drugiej połowy XIX w.*, K. 1987; W.Okoń, *Alegorie Narodowe*, Wr. 1992; *Początki turystyki w Polsce w malarstwie...*, Kat. Muzeum Sportu i Turystyki Zakopane, 1973 (auch W. 1973); L.Skalska-Miecik, *Polscy uczniowie Akademii Sztuk Pięknych w Petersburgu w XIX i w początku XX w.*, Kat. MNW 1983; H.Stępień, *Artyści Polscy w środowisku monachijskim* [München] *1828-1855*, Wr. 1990; T.Dobrowolski, *Polish Painting from Enlightenment to Recent Times*, Wr. 1981; *L'esprit romantique dans l'art polonais XIX - XX siècles*, Kat. Paris Grand Palais 1977; (Hg.) J.C.Jensen, *Polnische Malerei 1830-1914* (Kat. Kiel, Stuttgart, Wuppertal), Köln 1978; *Ein Seltsamer Garten, Polnische Malerei 19. Jh.*, Kat. Luzern 1980; *Simbolo Espressione Metafora, Pittori Polacchi* (Malczewski etc.), Kat. Palazzo Barberini Rom 1981; A.Morawińska, *19th C. Polish Painting*, Kat. New York National Academy of Design, 1988; A.Morawińska, *Symbolism in Polish Painting, 1890-1914*, Detroit Museum of Arts 1984; *Junges Polen, Polnische Kunst um 1900*, Kat. Museum Schloss Rheydt Mönchengladbach, 1991; (Hg. A.Morawińska) *Artystki Polskie*, Kat. MNW 1991, *Voices of Freedom, Polish Women Artists 1880-1990*, Kat. Washington D.C. National Museum of Women 1991; J.K.Ostrowski, *Die polnische Malerei*, München 1989; M.Poprzęcka, *Polskie Malarstwo Salonowe*, W. 1991; *Ausstellung polnischer Maler*, Kat. Oesterreichischer Kunstverein Wien, 1875.

J.P.Norblin...*Warschau und Paris*, Kat. Wallraf-Richartz-Museum Köln 1989; *Zwei Polnische Romantiker, Michałowski und Grottger*, Kat. Künstlerhaus Wien, 1984; *A.Grottger*, Kat. Towarzystwo Przyjaciół Sztuk Pięknych, K. 1988; S.Witkiewicz, *J.Matejko*, Lwów 1912. J.M.Michałowski, *J.Matejko*, W. 1984, deut. Ausg. Berlin 1984; *J.Matejko*, Kat. Kunsthalle Nürnberg, Braunschweig Museum, Konstanz 1982; (Hg.) K.Sroczyńska, *Matejko*, W. 1993; E. Micke-Broniarek, *Matejko*, Kat. MNW 1993; E.Charazińska, *J.Simmler*, Kat. Polen Museum Rapperswil (Schweiz) 1993; J.Kępiński, S. Wyspiański, W. 1984; A.Morawińska, 'Polonia von S.Wyspiański', in: *Romantik und Gegenwart* (Festschrift J.C.Jensen), Köln 1988; H.von Roda, *Glasfenster der Kathedrale Freiburg i. Ue.- J.Mehoffer* (Gesellschaft für Schweiz. Kunstgeschichte, *Beiträge z. Kunstgesch. der Schweiz*), Bern 1993; *J.Malczewski*, Kat. Stuttgart Kunstverein 1980; J.Malczewski *A Vision of Poland*, Kat. Barbican London 1990; E.Clegg, 'Faux Terrains... Malczewski', *Zeitschrift für Kunstgeschichte*, 56 1990 2 198-208; E.Clegg, 'The Siberian Party: Malczewski...', *Apollo* 1989 No. 326 254-9; Kunst- und Ausstellungshalle Bundesrepublik Deutschland, Bonn, Kat. *Panorama...* 1993 [für Panorama Lwów/Wrocław].

20 19. Jh., Architektur: W.Baraniewski & T.S.Jaroszewski, *K.F.Schinkel i Polacy*, poln., deut., Kat. MNW 1987; K.F.Schinkel, *Werke und Wirkung in Polen*, Kat. M.Gropiusbau Berlin 1981; W.Krassowski, '...Polish Architecture 18th -20th C.' *Architektura* [Warsaw] 1978 11/12 44 -97; T.S.Jaroszewski, *O Siedzibach Neogotyckich w Polsce*, W. 1981; Z.Ostrowska-Kębłowska, *Siedziby Wielkopolskie doby romantyzmu* [Landschlösser um Posen], Poznań 1975; Z. Ostrowska-Kębłowska, *Architektura i Budownictwo w Poznaniu 1780-1880*, W.-Poznań 1982; J.Skuratowicz, *Architektura Poznania 1890-1918*, Poznań 1991; I. Popławska & S.Muthesius, 'Poland's Manchester... Łódź', *Journal of the Society Architectural Historians* [USA] XLV 1986 148-60; (Hg.) T.Grygiel, *Architektura XIX i początku XX w.*, Wr. 1991; M. Omilanowska, 'Searching for a national style in Polish architecture...', in: (Hg.) N.G.Bowe, *Art and the National Dream*, Dublin 1993; J.Purchla, *Teatr i jego Architekt / Das Theater und sein Architekt* (Kraków), K. 1993.

21 20. Jh., allgemein: A.Lifsic, *Hudozestvennye processy v russkom i polskom iskusstve XIX-XX v.*, Moskwa 1977 [entnommen RILA Bibl.]; A.Turowski, *Existe-t-il un art de l'Europe de l'Est?*, Paris 1986; D.Crowley, *National Style and Nation-State Design in Poland... Vernacular Revival to International Style*, Manchester 1992; (Hg.) D.Crowley, *Design and Culture in Poland and Hungary...*, (Hg. Tempus Scheme, School of Historical and Critical Studies, University of Brighton, Sussex) 1993; M.Wallis, *Secesja*, W.1974; A.K.Olszewski, *Dzieje Sztuki Polskiej*, 1890-1980, W. 1988, *Polish Art and Architecture...*, deut., franz. Ausg., W.1989; *Polnische Kunst 1900-1975*, Kat. Wien Sezession 1976; (Hg.) A.Wojciechowski, *Polskie Życie Artystyczne* [Künstl. Leben], I-III: I: *w latach 1890-1914*, W. 1967; II: *w latach 1915-1939*, W. 1974; III: *w latach 1945-60*, W. 1992; Z.Baranowicz, *Polska Awangarda Artystyczna 1918-1939*, W. 1979; *Nie Wieder / Nigdy Więcej, X. Dunikowski, Die deutsche Besetzung als Thema in der polnischen Kunst von 1939 bis heute*, poln., deut., Stadtmuseum Düsseldorf/Gal. Ars Polonia, Oświęcim/Auschwitz 1989; E.Widder, *Kirchenkunst im Europäischen Osten, Eichstätt 1987*; *W.Skrodzki, Polska Sztuka Religijna*

1900-1945, W. 1989; *Echange entre artistes Pologne USA 1931-1982*, Musée d'Art Moderne de la Ville de Paris / Muzeum Sztuki Łódź / Mus. of Contemp. Art Los Angeles 1982.

22 20. Jh., Malerei: *Słownik Artystów Plastyków* [Künstler-Lexikon, Warschau], Związek Polskich Artystów Plastyków W. 1972; P.L.Łukaszewicz & J.Malinowski, *Ekspresjonizm w sztuce polskiej*, Wr. 1980; A.Turowski, *Konstruktywizm Polski*, W. 1981; *Constructivism in Poland*... 1923-1936, Kat. Rijksmuseum Kröller-Müller, Assen 1973, Museum Folkwang Essen, Kettle's Yard Cambridge 1974; *K.Kobro*, Kat. Mönchengladbach 1991; W.Strzemiński & K.Kobro, *L'espace uniste, Ecrits...*, Lausanne 1977; *3 Pioneers of Polish Avantgarde* (Stażewski u.a.) Kat. Odense Museum of Fünen 1985; *Strżeminski 1893-1952, 9 Hedendagse Poolse Kunstenaars...*, Kat. Van Reekum Museum Apeldoorn 1989; (Hg.) H.Olszowski, *Der Mensch in den Dingen, Programmtexte... Krakauer Avantgarde*, Leipzig 1986; *Der Raum der Worte, Polnische Avantgarde und Malerbücher 1919-1990*, Kat. Wolffenbüttel 1991; A.Wojciechowski, *Polnische Malerei der Gegenwart*, W. ca. 1975; *Polnische Avantgarde 1930-1990*, Kat. Neuer Berliner Kunstverein, Muzeum Sztuki Łódź, 1992-3; *Oblicza Socrealizmu*, Kat. MNW 1987; *Polish Painting E. & W. Fibak Collection*, Kat. MNW 1992; B.Kowalska, *Polska Awangarda Malarska 1945-1970*, W. 1975; A.Osęka, *Poddanie Arsenału, O plastyce polskiej 1955-1970*, W. 1971; *Naive Kunst aus Polen*, Kat. Kunsthalle Nürnberg, 1980; S. Bibl. in Kat. *Polnische Graphik*, Vienna, Bibl. 26; I. Jakimowicz & A.Żakiewicz, *S.I.Witkiewicz - Witkacy*, Kat. MNW 1990; I.Jakimowicz, *Witkacy als Maler*, deut., engl. Ausg., W. 1987; A.Micińska, Witkacy, *Life and Work*, W. 1990, engl., franz. Ausg., W. o.J.; *S.I.Witkiewicz Photographs, Third Eye Centre* Glasgow 1989; E. Wyszomirska-Kuźnicka, *Asymetryczna Dama... Witkacy*, poln., deut., engl., Katowice 1991; (Hg.) W.Chmurzyński, *Bruno Schulz* poln., engl. W. 1992; idem. *Bruno Schulz*, Kat. Stadtmuseum München usw. 1992; M.Werner-Gagnebin, *La main et l'espace... J.Czapski*, Lausanne 1974; T.Kantor, *ein Reisender, seine Texte...*, Nürnberg 1988; *ma création, mon voyage*, Paris 1991, *la mia opera, il mio viaggio*, Milano 1991.

23 20. Jh., Skulptur: *Xawery Dunikowski i jego uczniowie*, Kat. MNW 1975; *X. Dunikowski*, Kat. Lehmbruck Museum Duisburg 1972; A.Osęka & W.Skrodzki, *Współczesna rzeźba Polska*, W. 1977, *Contemporary Polish Sculpture*, W. 1977; *Polnische Bildhauerkunst...*, W. 1977; James E. Young, *The Texture of Memory, Holocaust Memorials*, New Haven & London 1994.

24 20. Jh. Kunsthandwerk, Design: siehe Crowley, Bibl. 21; I.Huml, *Polska Sztuka Stosowana XX wieku*, W. 1978; *Art Deco w Polsce*, Kat. MNK 1993; W.Telakowska, *Twórczość ludowa w nowym wzornictwie*, W. 1954; A.Wojciechowski, *Polnische Dekorative Kunst 1945-55*, W. 1956; I.Huml, *Współczesna Tkanina* [Textilkunst] *Polska*, Arkady 1989; B.Rose, *M.Abakanowicz*, New York 1994; P.Banaś, *Współczesne Polskie szkło* [Glass] *i ceramika*, W. 1990; P. Banaś, *Zeitgenössisches polnisches Kunstgewerbe aus Glas und Keramik*, W. 1990.

25 20. Jh., Architektur und Stadtplanung: A.Olszewski, *Nowa Forma w Architekturze Polskiej 1900-1925*, Wr. 1967; S.Johansson, 'Polsk boligbyggeri 1918-1939', *Architekten* (Copenhagen) 1986 1; *Avantgarde Polonaise 1918-1939* poln.,engl.,fran., Ecole Speciale d'Architecture Paris/ Muzeum Architektury Wrocław, Paris-Wr. 1981; A. Åman, *Architecture and Ideology in Eastern Europe... Stalin's Era*, New York 1993 (Schwed Ausg., Stockholm 1987); S.Gajewski, 'Urbanisme et architecture Pologne', *Architecture aujourd'hui* 1955 11 2-23; B.Malisz, *Poland Builds New Towns*, W. 1962; Jack C.Fisher, *City and Regional Planning in Poland*, Ithaca, 1966; 'Aufbau in der VR Polen', *Deutsche Architektur* 19 1970 328-72; J.Dumnicki u.a., *Building and Architecture 1945-1966*, W. 1968; T.P.Szafer, *Współczesna Architektura Polska / Contemporary Polish Architecture*, poln., engl., russ., W. 1988; U.Kultermann, *Zeitgenössische Architektur Osteuropa*, Köln 1985; T.Dobrzeniecki u.a., *Kościoły* [Kirchen] *w Polsce*, W. 1969; A.A.Mroczek & K.Kucza-Kuczyński, *Nowe Kościoły w Polsce*, W. 1991; K.Kucza-Kuczyński, 'Neuer Kirchenbau...', *Der Architekt* 1988 1 81-6; J. Treen & D. Stanglin, 'A Church Building Boom...', *Newsweek* 1984 9 48; A. Ciborowski, *Städtebau in Polen*, W. 1956; J.Dangschat, *Soziale und räumliche Ungleichheit in Warschau*, Hannover 1985; N. Gutschow & B. Klain, *Vernichtung und Utopie, Stadtplanung Warschau 1939-45*, Hamburg 1993.

26 Graphik, Plakat, Photographie: J.Białostocki, *Polnische Graphik 1945-55*, W. 1956, auch engl., franz., span., russ., Ausg.; D.Wrólewska, *Polska Grafika Współczesna*, W. 1988; H.Górska & E.Lipiński, *Z Dziejów Karykatury Polskiej*, W. 1977; M.Grońska, *Zofia Stryjeńska*, W.1991; (Vorw.) K.Piwocki, *Polish Graphic Art and Posters* (W.) 1966; *Polnische Grafik in der Albertina 1957-1990*, Kat., Wien 1993; *Expressionistische... poln. Grafik*, Kat. Braunschweig 1979; D.Amman, *Polnische Plakatkunst*, Dortmund 1980; *Muzeum Plakatu w Wilanowie / Poster Museum in Wilanów*, W. 1988; (Hg.) A.Rutkiewicz, *Das polnische Plakat von 1892 bis heute*, Kat. Hochschule der Künste Berlin 1980; *Polnische Plakate der Nachkriegszeit*, Kat. München Neue Sammlung 1985; D.Boczar, 'Polish Poster', *Art Journal* XLIV 1984 1 16-27; J.Lenica (Hg. H.J.Kristahn), *Plakat und Filmkunst*, Berlin 1981; M.Rouard-Snowman, *Roman Cieślewicz*, Paris 1993, London 1993; *100 lat polskiej sztuki plakatu*, poln., engl., K., Heilbronn, London 1993; W. Prażuch & al., *150 Lat Fotografii polskiej*, W. 1991; Chefs-d'oeuvres photographie polonaise 1912-1948, Institut Polonais Paris - Muzeum Sztuki Łódź, 1992.

27 1980iger J.:. Wojciechowski, *Czas Smutku Czas Nadziei, Sztuka...*, W. 1992; R.Ziarkiewicz, *Ekspresja lat 80-tych*, W. 1990; *Présences polonaises*, Kat. Centre Pompidou Paris 1983; (Hg.) D.Pirie u.a., *Polish Realities, The Arts in Poland 1980-1989*, Third Eye Centre Glasgow, 1990; *Opałka 1965...*, Kat. XIX Biennale de Sao Paulo etc. 1988; R.Opałka, *Opałka 1965/-*, La Hune 1992; K.Stanisławski, 'Polnisch-Deutsche Präsenzen', in (Hg.) A. Lempp, *Initiative... Deutschland-Polen* 1982-8, Darmstadt 1989; (A.Bellar u.a.) *Polen, Zeit, Kunst*, Kat. St.Augustin, Mainz usw., hg. Konrad Adenauer Stiftung Bonn 1990; (Hg. Dr.P.Funcken), *Positionen Polen*, Kat. 1991 Künstlerhaus Bethanien Berlin; *Doppelte Identität, Polnische Kunst zu Beginn der 90iger Jahre*, Kat. Wiesbaden 1991; (Hg. J.Grabski), *Opening Up, Exh. of Six Major Polish Painters...* New York Hanover Gal. 1991.

BILDQUELLEN (Abkürzungen S. 2)

MNK/T.Szklarczyk: 29b, 31c, 62a c, 66c, 70a, 71, 96a, 97a d, 100a. MNP/ J.Nowakowski: 72b, 73, 74a b, 99b. MNW/ZKW/T.Żółtowska-Huszcza: Vorsatzblatt, Titelbild, 6e , 8b, 35d, 45b c, 46b, 51, 52a, 60a, 62b, 64a b, 66a b, 67, 68, 69, 70b c f, 72, 74c e, 76a f, 88b, 96b d, 97b, e, 98d, 99a c, 100b, 101e, 103a b. Muzeum Sztuki Łódź: 98a-c, 101a. S.Muthesius: 8a, 9a d, 14c, 15b, 16a, 35a b, 38a, 42c i, 49a c, 50a c d, 52e, 54b d g, 56c d g-l, 77b c, 82d f, 83, 84a c, 85a b c e g, 86e f, 87, 91a b, 93. Pläne: Zachwatowicz; Miłobędzki, Bibl.11. Umschlag: Wyspiański 1925. 5 a Priv. Slg. / L. Kalinowski, *Prace...* (p.18, Amn. 1 / W. Gumuła; b Muzeum Tatrzańskie, Zakopane. 6-7 a Grottger, *Wojna*; b Kat. *J.Matejko*, Nürnberg 1982, Bibl. 19; c J.Sas Zubrzycki, *Wiązania Polskie*, Lwów 1916; d S.Szyller, *Czy mamy Polską architekturę?* W. 1916; f Suchodolski Bibl.5, Ill. 451/Arkady Publ.; g h M.Wallis, *S. Noakowski*, W. 1965; i Muzeum Narodowe Wrocław/S.Arczyński, Wrocław; k S.Witkiewicz, *J.Matejko*, Lwów 1912; l T.Cieślewski, mł., *W.Skoczylas*, W. 1934. 9 b *Życie Artystyczne*, Bibl. 21; c P.Paszkiewicz, *Pod Berłem Romanowów, Sztuka rosyjska w Warszawie 1815-1915*, W. 1991; *C[Z]entralblatt der Bauverwaltung*, 1910, 455; f Langewiesche; g *Airport Magazine Okęcie*, 1994. 11 a *Jomsburg* I 1937-8 359; b W.Burmeister & A.Renger-Patzsch, *Norddeutsche Backsteindome*, Berlin 1943; c (Hg.)H.Tintelnot, *Kunstgeschichtliche Studien (Festschrift Frey)*, Breslau 1944. 14 a ZKW; b Touristenprospekt; c L.Jabrzemski; e Marian Pelczar, *Gdańsk*, W. 1958/K. Lelewicz. 15 a M.& A.Szypowscy; c d ZKW; e f J.Zachwatowicz, *Ochrona Zabytków w Polsce*, W. 1965. 16 b IS/PAN. 22 a IS/PAN/T.Kaźmierski;b c Kębłowski, *Dzieje*, Bibl.3; d f Arkady Publ.; e E.Kupiecki. 23 a IS/PAN/ M.Moraczewska; b W.Burmeister, *Backsteindome*, siehe oben s. 11; c E.Kupiecki; d R.Heuer, Thorn, Berlin 1931.; e H.Busch & B.Lohse, *Baukunst der Gotik in Europa*, Frankfurt 1958/H.Schmidt-Glassner; f W.Zahorski, *Wilno*, 1905. 24 S.Arczyński. 25 W.Górski. 26 IS/PAN/W.Wolny. 28 Langwiesche. 30 a Arkady Publ.; b IS/PAN/M.Moraczewska; c d e Ehem. Staatl. Bildstelle Berlin. 31 a J.Gadomski, *Gotyckie Malarstwo... Małopolski 1420-1470*, W.1981/A.Wierzba; b e Arkady Publ. 32 a Arkady Publ.; b IS/PAN; c d A.Różycka-Bryzek, Bibl.16. 35 c B.Guerquin, *Zamki w Polsce*, W.1974/E.Kupiecki. 36 a H.&S.Kozakiewiczowie, *Renesans w Polsce*, W.1976/Z.Kamykowski; b E.Kupiecki; c H,Bohdanowicz, Wawel, o.B.; d A.Misiąg-Bocheńska, *Głowy Wawelskie*, W. 1953. 37 a Zachwatowicz; b E.Kupiecki; c E.Gall, *Danzig...*, Berlin, ca. 1942; d Muzeum Historii Miasta Gdańska/A.Pająk. 38 b Zachwatowicz. 39 a IS/PAN/ E.Kozłowska-Tomczyk; c Zachwatowicz/E.Kupiecki; e IS/PAN/W.Wolny; f IS/PAN/J.Szandomirski. 40 IS/PAN/W.Wolny. 41 IS/PAN/J.Szandomirski. 42 a e f k IS/PAN; d h IS/PAN/W.Wolny; g Langewiesche. 44 a Rostworowski, Bibl. 10/MNK; b MNW/W.Fijałkowski & I.Voisé, *Portrety Polskie...*, W. 1984/Z.Kapuścik. 45 a Arkady Publ.; d *Stolz und Freiheit*, Bibl. 17/J.Nowakowski. 46 a Statens Konstmuseer; c I.Turnau, Bibl. 17. 47 Tarnów, Muzeum Ziemi Tarnowskiej. 49 d IS/PAN.

50 b ZKW/MNW/E.Camesasca, *L'Opera Completa del Bellotto*, Rizzoli 1974. 52 b Smuglewicz: ZKW/A.Zamoyski Bibl.17; c ZKW/Interpress. 54 a f Zachwatowicz. 56 a Poznań Wojewódzki Konserwator Zabytków; b IS/PAN; e A.Bartczakowa, *Pałac Paca*, W. 1973; f *Przegląd Techniczny*, XXXIX 1901, VI. 60 b-f ZKW/B.Steinborn, *Dzieła M.Bacciarellego*, W. 1987. 61 a b MNW/Arkady Publ.; c Biblioteka Uniwersytetu Jagiellońskiego, K. 64 c MNK/Kat. *J.Matejko*, Nürnberg, 1982. 66 d S.Helsztyński, *S.Przybyszewski* (publ. ZKW, c. 1987); e MNK/W.Juszczak, *Malarstwo Polskie Modernism*, W. 1977. 74 d Photo J.Nowakowski. 75 Früher